中国科协 教育部 "英才计划"项目

SHUXUE ZHIWAI YU SHUXUE ZHINEI II

# 数学之外与数学之内 II

田　刚　吴宗敏　主编

复旦大学出版社
www.fudanpress.com.cn

# 内 容 提 要

数学之外是指数学从哪里来？数学又要到哪里去？数学之内就是要回答数学是什么？是指数学学科内部各学科方向之间的关联与侧重，以及数学学科内部的关键问题。

本书为中国科学技术协会和教育部"英才计划"数学工作委员会编辑的科普类读物，是"英才计划"数学工作委员会在多次调研的基础上，听取了参加"英才计划"的学生及教师的建议，邀请工作委员会的成员及部分特邀著名高校的教授撰写的。与中学数学那样按部就班地灌输知识不同，本书是作者按照自己的思路，想写什么就写什么，其目的是提出并讨论数学的对外联系及数学的根本问题，将数学教育从答题、知识点教育扩展到问题来源及应用前景的分析与展望；特别是对数学根本问题的探索与讨论，从中学开始了解解决根本问题的思想和方法，以提高学生的创新能力以及对数学根本问题的兴趣与好奇心。

传统的中学数学教育的特征是配方式的"细粮饲料"、填鸭式的喂养灌输，缺少"粗粮"与"杂粮"。本书只是数学学习生活的调料，以增加新思想的味道；只是餐余，以增加产生新思想的肥料，其特征就是——杂。希望这本书可以给吃惯"细粮"的同学，品尝一点"粗粮""杂粮"，以补充中学数学学习的营养单一性，让读者自己去发现它们之间的关系。

# 前　言

　　数学之外是指数学是从哪儿来的？数学又要到哪里去？

　　数学之内就是要回答数学是什么？是指数学学科内部各学科方向之间的关联与侧重，以及数学学科内部的关键问题。

　　这些都是数学的根本问题，当然这本小书也不可能回答全部的这类问题，有的可能永远都找不到答案，因为问题以及答案本身都是与时俱进的。但是，问问题比找答案更重要，找答案的过程比答案本身更重要。对问题的探索过程实际上就是人类对世界认识的发展过程，就是人类思维的发展过程。对于数学，与其他学科不同的是，它还要解决对问题探索的科学规范问题，也就是对找问题答案过程的科学规范。一句话，就是理性的、严密的、系统的逻辑规范。

　　学数学已经超过50年了，研究数学也已经超过30年。经常有人问我"什么是数学？""什么是数学的基本问题？"这也正是我一直在问我自己的问题。很多人认为，希尔伯特23个问题，千禧年问题，谁谁的猜想，是数学的根本问题。我的回答是：不错！但这些只是数学现时的内部问题，而有些内部问题可以说在数学内部已经是不可能解决的了。

　　我认为数学与哲学、宗教及其他科学类别一样，如同本文的开篇,最基本的问题都是要回答:世界是什么?我们从哪里来?要到哪里去?事实上,这也是任何学科的根本问题。不过,有些学科更加具体,如物理研究力是什么?磁场是什么?化学研究碳是什么?水是什么?它们会变成什么?是钻石还是煤炭?是不可燃烧的液体,还是可以燃烧的两种气体?爱因斯坦从小到大的兴趣就是想知道:光是什么,光速是什么?光是从哪儿来的?莫奈放弃了银行家的工作,就是想问:绘画究竟是要干什么?究竟要表现什么?这些基本问题永远不会脱离:这种东西(对象)是什么?它们从哪里来的?又会到哪里去?任何科学问题、任何社会问题,甚至任何问题,都可以简单表述为:这是什么?它们怎么会是这样的?又会变成什么样的?这好像也是任何一个小孩刚懂事时经常问的问题。可见,每个人都是带着佛心而来,而是被家长的"哪有那么多的为什么"、老师的"这么简单的问题,你都不懂啊"给埋没了。所以,保持童真,保持好奇心,保持喜欢问为什么,是孩提时期想着将来要成为数学家,想着将来要成为科学家,甚至想着将来要干成任何大事业者的基本素养,而且是本质的素养。事实上,想要成为大数学家、大科学家、大学问家,往往取决于你能不能不受外界的干扰而保持这份童真的时间长度。我认识一些老科学家,就发现他们有一些共性,就是对任何新事物都有极强的好奇心、极强的求知欲、极其风趣幽默。从另一种角度看,他们到老了还一直是贪玩的老小孩、老顽童。不过他们不是被玩具所左右,而是玩出与别人不一样的名堂来。我的孩子就问过我:你每天研究数学有什么乐趣?我的回答是,"你喜欢玩电子游戏吧?你喜欢在玩电子游戏中比别人先通过一些关卡吧?如果你是世界上第一个通过这个别人通不了的关卡,你会有什么感觉?"希望有这么一本书,是参加"英才计划"的学生们提出来的。大家都在批评应试教育,大家都看到应试教育扼杀了创新能力。原因很简单,就是应试教育告诉你,你只要学,你只要记,你只要记住解题的步骤。你不用去问,这题是从哪儿来的?解了这题有什么用?人变成了知识的存储器,但人脑的存储量还比不过一个U盘。我们都知道,如果高考允许上网,那么一个学会了网上查询的操作员,肯定也可以得到高分。这样,就永远也培养不出一个思想家,数学也就退化成为算术了。

　　既然数学与其他学科一样,要解决一样的问题,那么数学有什么特别之处呢?数学则要超越这种具体对象的具体问题,而且更加抽象,更加着重于研究过程的逻辑性、系统性与演绎性。不是只凭印象,不是只凭臆测,不是只凭经验。数学需要将经验提升为普遍适用的理论,并且要指出这种理论结果的适用范围。更加重要的是,通过数学之内的矛盾可以演绎到数学之外。数学的研究论文一般都是从假设开始的,如果怎样,那么就会怎样。即使是猜测也要告诉别人,这个猜测的可信度是多少。

　　许多人认为搞文科的一般数学差些,而搞数学的一般文科差些。我认为这是非常不全面的。我认识许多大数学家,他们都是多才多能的。许多孩子都读过《爱丽丝漫游奇境记》吧,而其著者就是一位数学家。苏步青先生爱写诗,王元先生爱书法。一些大数学家、一些数学教育大家往往同时是理科教育要强化文科,是搞通识教育的积极倡导者。复旦大学的李大潜院士就说过:"一个好的数学家都是带有几分诗人气质的。"什么叫诗人气质,诗人气质就是不受羁绊,就是自由思想,就是要把自己的灵魂放飞到天外去看世界。是的,数学有许多规则,解数学题有许多套路,但是你如果被规则与套路索缚,那么就不可能做出超越前人的研究工作。如果你是套路的高手,那么你可能成为能工巧匠,可以成为一个好会计,甚至是好的金融家,但不可能成为数学思想家。李大潜院士在《光明日报》倡导"中学数学教育应注重人文内涵",认为数学教育的根本是要让学生明白:(1)数学知识的来龙去脉;(2)数学的精神实质与思想方法;(3)数学的人文内涵。王元院士也认为"所谓创新,一定是前人没有想到的,没有做到的",他曾在《光明日报》发表题为《靠老师手把手地教,一定教不出创新人才》的文章,建议读者可以去读一下,会有很大的启发。

在我的研究生教学生活中,很多学生会要求我给他们一个研究问题,然后过了一段时间会问我怎么解这个问题。有些学生到了研究生阶段了,基本上还是如同在中学阶段,只会做习题。简单来说,缺乏创新的能力。所以对新进的研究生我总是会告诉他们:最顶尖的科学家是自己发现、提出问题,并且自己解决问题。一个顶尖科学家首先是能够发现和提出问题,其次才是找到解决问题的途径。解决先人提出的著名问题,固然很好,但更重要的是在解决先人著名问题的同时,能提出新的问题。而有些关键的问题是应该从小就开始问了。通常基础的问题、从基础问起的问题,才是关键的问题、颠覆性的问题,真正创新的问题。爱因斯坦从小就喜欢光线,可以长时间地看着太阳,问自己:"什么是光?"黎曼、罗巴切夫斯基就是一直问自己:"数学的公理基础是什么?"

由于工作的关系,经常有人找我,说解决了诸如三等分角的问题,文章只有 3 页纸,希望我推荐发表,当然最终目标是帮助他们出名。这个问题在数学上是已经解决了的问题,答案是不可能用圆规直尺三等分任何给定的角。当然其背后是一整套的伽罗瓦理论。数学上证明解的不存在性是更为困难的问题,而这也是数学的魅力所在。我就告诉他们:三等分角问题为什么会有名的原因,正是背后的伽罗瓦理论;如果三等分角问题可以用 3 页纸解决,就比两等分角稍微难一点,那么,这个问题根本就不会那么著名了。谁会记得:是谁第一个用圆规直尺做出两等分角的人?不是三等分角问题使得伽罗瓦出了名,而是伽罗瓦使得三等分角问题出了名。

现在是一个创新的年代,可能大家会认为,数学,特别是中学的数学,或者可以到大学的高等数学范畴,已经没有什么可以创新的了。中学数学已经经过了几千年的发展,又经过几百年的系统化、现代化,用高等数学的语言说,已经是完备的了。事实果真如此吗？在教授中学数学时只需要灌输,只是教师灌输的水平不同吗？怎么在教授中学数学的同时培养学生的质疑精神——这一科学的基本精神呢？只要看数学的发展！如果中学数学已经完备了,那么大学数学又是从哪儿来的？现代数学呢？伟大的数学家希尔伯特(David Hilbert, 1862—1943)在第二届国际数学家大会上曾经做过一个著名的报告,提出了 23 个问题,并且认为这是数学的可以说全部的剩余问题。他在报告的结束语中说,如果我们足够聪敏,可能可以在 100 年内解决所有这些问题。现在 100 年过去了,离开这些问题的全部解决还遥遥无期。事实上,在希尔伯特提出 23 个问题后 4 年,在第三届国际数学家大会上,另一位伟大的数学家——哥德尔(Kurt Godel, 1906—1978),就用数学证明了"任何系统都不可能是封闭的",而且它的根本问题往往在其根本上。在中学教授学生数学,这没有什么可以质疑的,学生只要记住就行,不可能跑出数学之外。但对基础数学问题的深入研究也一定会引出新的数学问题,一定会跑出数学之外,成为数学的新的学科生长点。事实上,数学的这种内部的矛盾在数学产生时就已经写在数学的 DNA 中了,是与生俱来的。我们就是应该从数学的产生开始质疑。

数学到现在已经是一个庞大的系统。从另一方面看,它由两部分组成。一部分是数学知识、一部分是数学文化。课堂里教的是数学知识,但并不是知识越多就越有文化。文化是需要去体验、去发掘、去融入的。

为了给沉闷的灌输式的中学数学教育加一点"调料",在参加"英才计划"的学生及导师的建议下,我们有了编写这么一本书的想法,于是,邀请了一些大学的数学老师,编写这么一本题为《数学之外与数学之内》的书。与中学数学那样按部就班地灌输知识不同,著者想写什么就写什么，可以写数学之内的知识，也可以写数学之外的管窥。传统的中学数学教育的特征是配方式的"细粮饲料"，填鸭式的喂养灌输，缺少"粗粮"与"杂粮"。这本书只是"调料"，以增加新思想的"味道"；只是"餐余"，以增加产生新思想的"肥料"，特征就是——杂。希望这本书可以给吃惯"细粮"的同学品尝一点"粗粮、杂粮"，以补充营养的单一性。书中的文章是按文章题目顺序编排，以让读者自己去发现它们之间的关系。我一直认为，我们现在的数学课本编写得太好了；哪里是重点，哪里是小结，剥夺了学生自己找出内容的主题和关联性的训练。我在刚进大学时，老师教我的就是：读懂一本书就是能把厚书读薄的能力，简单地说，就是自己去整理出脉络，列出提纲，找到主题。读完一本书就是要问自己：如果现在把这本书烧掉，你是否能够再把它写出来？我说的是写出来而不是背出来。因为背出来所需要的存储记忆的容量只需一个U盘就可以了，在这方面，U盘比人的大脑能干得多；不是逐字逐句的重现，而是思想的重现。作为前言，好像已经讲得太多了，而且现在很多人已经很少看书了，即使看书也很少看前言，所以就写这些，希望还是会有有心人从中获得一些什么东西。如果你读完了前言，那么你就是这样的有心人，一定会从本书中获得你想要的东西。

复旦大学数学科学学院　吴宗敏

# 目 录

前言 …………………………………………………… 1

$\sqrt{2}$ 的计算 ………………………………………（程晓良） 1
不定方程解的数目 …………………………………（程晓良） 7
从瞎子爬山到最优化方法 …………………………（袁亚湘） 15
迭代算法的平方收敛 ………………………………（汤 涛） 28
费马大定理的传奇故事 ……………………………（徐诚浩） 34
哥德巴赫猜想 ………………………………………（徐诚浩） 46
公钥密码学简介 ……………………（赵昌安 范 翔 姚正安） 50
关于圆周率的一些故事 ……………………………（徐诚浩） 60
函数根号 $t$ 的物理模型及四维时空 ………………（吴宗敏） 68
回文数与角谷猜想 …………………………………（蔡天新） 74
快乐地学习优美的数学 ……………………………（徐诚浩） 82
连分数与历法 ………………………………………（徐诚浩） 86
浅谈素数的分布 ……………………（范 翔 赵昌安 姚正安） 93
沙罗周期是什么 ……………………………………（徐诚浩） 108
生日的公历、农历日期能再是同一天吗 …………（徐诚浩） 113

时间的定义 1 ……………………………………（吴宗敏） 117
时间的定义 2 ……………………………（吴宗敏 谢纳庆） 123
为什么古希腊三大几何作图问题不可解——兼论什么样的正多
　边形可以尺规作出 ……………………………（冯荣权） 133
为什么要如此推崇黄金数 ………………………（徐诚浩） 153
永无止境的素数探索 ……………………………（徐诚浩） 161
怎样计算利息 ……………………………………（程晓良） 170
怎样作正十七边形 ………………………………（徐诚浩） 176
自行车的发明与黎曼几何学 ……………………（蔡天新） 181

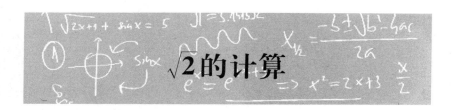

# $\sqrt{2}$ 的计算

在面试学过微积分的大学生或选拔中学数学特长生时,我们常常会问:你有什么办法来计算 $\sqrt{2}$ 的近似值?根据不同的回答,我们可以初步判断其掌握非线性方程求根的知识或处理数学问题时的灵活性。

用非线性方程求根的方法来计算 $\sqrt{2}$ 是指把问题转化为:令 $f(z)=z^2-2$,求 $f(z)=0$ 的正根。我们可以用二分法、割线法、牛顿(Newton)法等来求解。事实上,在古代中国最早的数学著作《九章算术》的盈不足术、古印度的双试位法等都是割线法的原始叙述形式。

二分法是最容易想到的:用两个数 $a,b$ 去试,平方后如果一个比 2 小 ($f(a)<0$),一个比 2 大 ($f(b)>0$),则 $\sqrt{2}$ 的值一定在这两个数之间,用这两个数的平均值 $\left(c=\dfrac{a+b}{2}\right)$ 再去试,若 $f(c)>0$,则用 $a,c$,否则用 $c,b$ 代替原来的两个数 $a,b$,重复前面的过程。反复这一称为迭代的过程,当这两个数越来越接近时,$\sqrt{2}$ 的值也就近似计算出来了。

割线法是在二分法的基础上,用两点的连线代替 $f(z)$ 求根,即

$$f(x)\approx f(a)\frac{b-z}{b-a}+f(b)\frac{z-a}{b-a}=0,$$

计算出

$$c = \frac{f(a)b - f(b)a}{f(a) - f(b)} = b - \frac{f(b)(b-a)}{f(b) - f(a)}。$$

从几何上看,就是图形 $f(z)$ 上两点 $(a, f(a))$,$(b, f(b))$ 的连线和坐标 $z$ 轴的交点就是新的点 $c$。用这样的方法得到的 $c$ 代替二分法中的中点,通常能更快地求得根的近似值。写成迭代公式

$$z_{n+1} = z_n - \frac{f(z_n)(z_n - z_{n-1})}{f(z_n) - f(z_{n-1})}, \, n = 1, 2, \cdots。$$

那么什么是牛顿法呢?它有几种推导的方法,比如:

$$f(z) \approx f(a) + f'(a)(z-a) = 0,$$

计算出新的近似。用 $z_n$ 代替 $a$,得到的新值用 $z_{n+1}$ 表示,我们可以得到迭代公式

$$z_{n+1} = z_n - \frac{f(z_n)}{f'(z_n)}, \, n = 0, 1, 2, \cdots。$$

从几何上看,就是图形 $f(z)$ 上一点 $(z_n, f(z_n))$ 的切线和坐标 $z$ 轴的交点就是新的点 $z_{n+1}$。割线法也可以从牛顿法推出,只要在将分母计算导数值时用近似计算,即切线的斜率用两点连线的割线的斜率来代替。

最近,我读到一本利用佩尔(Pell)方程的解来近似计算 $\sqrt{2}$ 的书[1],书中用对话的形式非常详细地介绍了该方法及其变化。这个佩尔方程是指求正整数 $x$,$y$ 满足:

$$x^2 - 2y^2 = 1。 \tag{1}$$

实际上,英国数学家佩尔(J. Pell)与这个方程并没有什么关系,而是同时代的另一个英国数学家布龙克(W. Brouncker)首先提出这个问题并给出了一种巧妙的解法。后来,因为大数学家欧拉(Euler)错误

地将这个方程的那个解法归功于佩尔,大家也就跟着将错就错地叫做佩尔方程了。据传,印度的婆罗摩笈多(Brahmagupta)早在一千多年前第一个研究过这类问题,并得到叫"瓦格布拉蒂"的算法[2]。

下面,我们来介绍书中([1])这个方法的本质的思想,同时,我们发现,这些方法在某些情形下和牛顿法、割线法是等价的。

首先,若方程(1)存在解$(x,y)$,则

$$\sqrt{2} \simeq \frac{x}{y}。 \tag{2}$$

如果求得方程(1)的一系列解,则我们可以得到$\sqrt{2}$的一系列近似值。直观的事实是,若$x,y$越大且$x^2,2y^2$只相差1,则$x^2 \simeq 2y^2$从而$\sqrt{2} \simeq \frac{x}{y}$的近似程度就越好。

把方程(1)改写成

$$(x+y\sqrt{2})(x-y\sqrt{2}) = 1。 \tag{3}$$

若已经得到方程(1)的一个解$(x,y)$,我们就可以得到无穷多个解。事实上,从(3),对任意正整数$n$,可得

$$(x+\sqrt{2}y)^n(x-y\sqrt{2})^n = 1。 \tag{4}$$

于是

$$\begin{cases} x' + y'\sqrt{2} = (x+y\sqrt{2})^n, \\ x' - y'\sqrt{2} = (x-y\sqrt{2})^n, \end{cases} \tag{5}$$

所以$(x',y')$也是方程(1)的解。

比如$n=2$,我们有

$$\begin{cases} x' = x^2 + 2y^2, \\ y' = 2xy, \end{cases} \tag{6}$$

于是,我们从(1)的解$(x, y)$关于$\sqrt{2}$的近似$z = \dfrac{x}{y}$出发,可以得到$\sqrt{2}$的新的近似$z'$,即

$$z' = \frac{x'}{y'} = \frac{x^2 + 2y^2}{2xy} = \frac{z^2 + 2}{2z} = z - \frac{f(z)}{f'(z)}。 \tag{7}$$

反复此过程,这就是著名的解非线性方程$f(z) = 0$的牛顿迭代法。

由于$(x, y)$是(1)的解,则

$$0 < \frac{x'}{y'} - \sqrt{2} = \frac{y}{2x}\left(\frac{x}{y} - \sqrt{2}\right)^2,$$

$$\frac{2y^2}{x^2} = 1 - \frac{1}{x^2} < 1, \Rightarrow \frac{y}{x} < \frac{\sqrt{2}}{2}。 \tag{8}$$

于是,我们得到称为二阶收敛的误差估计式:

$$0 < \frac{x'}{y'} - \sqrt{2} < \frac{\sqrt{2}}{4}\left(\frac{x}{y} - \sqrt{2}\right)^2。 \tag{9}$$

即如果$\dfrac{x}{y}$近似$\sqrt{2}$的误差是$10^{-1}$,则新的近似大致就有$10^{-2}$的误差,再下一次的近似大致就有$10^{-4}$的误差,然后是$10^{-8}$的误差,等等。

要构造更高的格式,我们只需在(5)中取较大的$n$就可以了。比如$n = 3$,则有

$$\begin{cases} x' = x^3 + 6xy^2, \\ y' = 3x^2y + 2y^3。 \end{cases} \tag{10}$$

又如$n = 4$,则有

$$\begin{cases} x' = x^4 + 12x^2y^2 + 4y^4, \\ y' = 4x^3y + 8xy^3。 \end{cases} \tag{11}$$

注意到迭代(11)可以分解成:

$$\begin{cases} \tilde{x} = x^2 + 2y^2, \\ \tilde{y} = 2xy, \end{cases} \quad \begin{cases} x' = \tilde{x}^2 + 2\tilde{y}^2, \\ y' = 2\tilde{x}\tilde{y}_\circ \end{cases} \tag{12}$$

它就是牛顿迭代中两步作为一步的一个高阶方法。

同样,我们还可导出割线法的公式。如果我们知道(1)的两个解$(x, y)$和$(x', y')$,则

$$(x + y\sqrt{2})(x - y\sqrt{2})(x' + y'\sqrt{2})(x' - y'\sqrt{2}) = 1_\circ$$

于是

$$((xx' + 2yy') + (xy' + x'y)\sqrt{2})((xx' + 2yy') - (xy' + x'y)\sqrt{2}) = 1_\circ \tag{13}$$

所以

$$\begin{cases} x'' = xx' + 2yy', \\ y'' = xy' + x'y, \end{cases} \tag{14}$$

也是方程(1)的解。

如果从$(x, y)$,$(x', y')$两个关于$\sqrt{2}$的近似$z = \dfrac{x}{y}$,$z' = \dfrac{x'}{y'}$出发,可以得到$\sqrt{2}$的新的近似$z''$,则

$$z'' = \frac{x''}{y''} = \frac{xx' + 2yy'}{xy' + x'y} = z' - \frac{f(z')(z' - z)}{f(z') - f(z)}_\circ \tag{15}$$

这就是解非线性方程的割线法。特别地,取$(x_1, y_1) = (x_1', y_1')$,则割线变成切线,它就又回到了牛顿法。

写这篇短文的目的是想说明:$\sqrt{2}$的计算格式可以从解佩尔方程的算法而来,而实际上它和传统的解非线性方程的牛顿法和割线法又是相同的。也算是书[1]的一点读后感吧。

## 参考文献

1. 戴维·弗兰纳里.郑炼译.2的平方根——关于一个数与一个数列的对话.上海:上海科技教育出版社,2010
2. 蔡天新.数学与人类文明(第二版).杭州:浙江大学出版社,2008

浙江大学数学科学学院　程晓良

# 不定方程解的数目

我们常常碰到如下简单的不定方程解的个数问题,比如,对正整数 $n$,方程

$$x+y+z=n,$$

它的非负整数解的个数是多少?

这是一个可以用排列的方法来求解的问题。我们用 $n$ 个 1 和 2 个 0 排成一个数列和解相对应,第一个 0 前的数字 1 的个数代表 $x$ 的值,第一个 0 和第二个 0 之间的数字 1 的个数代表 $y$ 的值,第二个 0 后的数字 1 的个数代表 $z$ 的值,如 $n=10$,

110111110111 ⟷ (2, 5, 3); 110111111110 ⟷ (2, 8, 0)。

于是解的个数:在 $n+2$ 位中找出 2 位的所有可能的数目,$C_{n+2}^2 = \dfrac{(n+2)(n+1)}{2}$。

如果我们加上约束条件,$x \geqslant y \geqslant z$,此时方程 $x+y+z=n$ 的非负整数解的个数是多少呢?

我们用递归关系式来计算解的个数,记为 $D_n$。显然

$$D_0=1,\ D_1=1,\ D_2=2,\ D_3=3,\ D_4=4,\ D_5=5.$$

若 $z=0$，则 $y$ 可取值为 $0,1,\cdots,\left[\dfrac{n}{2}\right]$，共 $\left[\dfrac{n}{2}\right]+1$ 种可能，而当 $z\geqslant 1$ 时，$x,y\geqslant 1$，令 $x=x'+1,y=y'+1,z=z'+1$，于是 $x'+y'+z'=n-3$，则

$$D_n = D_{n-3} + \left[\dfrac{n}{2}\right] + 1。 \tag{1}$$

上面的递推公式是在 $n$，$n-3$ 之间。又为了避免取整函数，我们按模 6 分 6 种情况来讨论：当 $n=6k$ 时，我们有

$$\begin{aligned}
D_{6k} &= D_{6k-3} + \left[\dfrac{6k}{2}\right] + 1 \\
&= D_{6k-6} + \left[\dfrac{6k-3}{2}\right] + 1 + 3k + 1 \\
&= D_{6(k-1)} + 6k \\
&= D_0 + 3k^2 + 3k，
\end{aligned}$$

即

$$D_n = \dfrac{1}{12}n^2 + \dfrac{1}{2}n + 1。$$

当 $n=6k+1$ 时，我们有

$$\begin{aligned}
D_{6k+1} &= D_{6k+1-3} + \left[\dfrac{6k+1}{2}\right] + 1 \\
&= D_{6k+1-6} + \left[\dfrac{6k-2}{2}\right] + 1 + 3k + 1 \\
&= D_{6(k-1)+1} + 6k + 1 \\
&= D_1 + 3k^2 + 4k \\
&= 1 + \dfrac{1}{12}(6k+1)^2 + \dfrac{1}{2}(6k+1) + \dfrac{5}{12}，
\end{aligned}$$

即

$$D_n = \frac{1}{12}n^2 + \frac{1}{2}n + \frac{5}{12}。$$

同理,我们可推出其余 4 种情况,省略细节直接写出

$$D_n = \begin{cases} \frac{1}{12}n^2 + \frac{1}{2}n + 1, & n = 6k, \\ \frac{1}{12}n^2 + \frac{1}{2}n + \frac{5}{12}, & n = 6k+1, \\ \frac{1}{12}n^2 + \frac{1}{2}n + \frac{2}{3}, & n = 6k+2, \\ \frac{1}{12}n^2 + \frac{1}{2}n + \frac{3}{4}, & n = 6k+3, \\ \frac{1}{12}n^2 + \frac{1}{2}n + \frac{2}{3}, & n = 6k+4, \\ \frac{1}{12}n^2 + \frac{1}{2}n + \frac{5}{12}, & n = 6k+5。 \end{cases} \quad (2)$$

我们把它写成紧凑形式 $D_n = \left\langle \frac{(n+3)^2}{12} \right\rangle$,其中 $\langle x \rangle$ 是离 $x$ 最近的整数。

我们再加另一类约束条件,要求 $y$ 是偶数,$z$ 是 3 的倍数,此时,方程 $x+y+z=n$ 的非负整数解的个数又是多少呢?

令 $y \leftarrow 2y$,$z \leftarrow 3z$,于是,问题就转化为计算不定方程

$$x + 2y + 3z = n$$

的非负整数解的个数 $N_n$。

这个问题是一个典型的不定方程解个数的计数问题。我们希望得到一个简洁的表达式。按 $z = 0, 1, \cdots, \left[\frac{n}{3}\right]$ 来分别计算,则

$$N_n = \sum_{j=0}^{\left[\frac{n}{3}\right]} \left( \left[\frac{n-3j}{2}\right] + 1 \right),$$

这里记号$[x]$指小于等于$x$的最大整数。要化简上面这个式子,由于有$\left[\frac{n}{3}\right]$,$\left[\frac{n-3k}{2}\right]$的表达式,我们可以按模 6 分 6 种情况来讨论,可以得到类似(2)的结果。比如说,当$n=6k$时,则

$$N_n = \sum_{j=0}^{\left[\frac{n}{3}\right]} \left(\left[\frac{n-3j}{2}\right]+1\right)$$
$$= \sum_{j=0}^{2k} \left(\left[3k-\frac{3j}{2}\right]+1\right).$$

下面,我们介绍参考文献[1]的一个计算方法,令$t=y+z$,则$x+z=n-2t$, $0 \leqslant t \leqslant \left[\frac{n}{2}\right]$, $0 \leqslant z \leqslant \min(t, n-2t)$,则

$$N_n = \sum_{t=0}^{\left[\frac{n}{2}\right]} (\min(t, n-2t)+1) = \left[\frac{n}{2}\right]+1+\sum_{t=0}^{\left[\frac{n}{3}\right]} t + \sum_{t=\left[\frac{n}{3}\right]+1}^{\left[\frac{n}{2}\right]} (n-2t)$$
$$= \left[\frac{n}{2}\right]+1+n\left(\left[\frac{n}{2}\right]-\left[\frac{n}{3}\right]\right)+\sum_{t=0}^{\left[\frac{n}{3}\right]} t - 2\sum_{t=\left[\frac{n}{3}\right]+1}^{\left[\frac{n}{2}\right]} t$$
$$= \left[\frac{n}{2}\right]+1+n\left(\left[\frac{n}{2}\right]-\left[\frac{n}{3}\right]\right)+\sum_{t=0}^{\left[\frac{n}{3}\right]} t - 2\sum_{t=\left[\frac{n}{3}\right]+1}^{\left[\frac{n}{2}\right]} t$$
$$= \left[\frac{n}{2}\right]+1+n\left(\left[\frac{n}{2}\right]-\left[\frac{n}{3}\right]\right)+3\sum_{t=0}^{\left[\frac{n}{3}\right]} t - 2\sum_{t=0}^{\left[\frac{n}{2}\right]} t$$
$$= 1+\left[\frac{n}{2}\right]\left(n-\left[\frac{n}{2}\right]\right)+\frac{1}{2}\left[\frac{n}{3}\right]\left(3\left[\frac{n}{3}\right]+3-2n\right).$$

化简,当$n$为偶数时,$\left[\frac{n}{2}\right]\left(n-\left[\frac{n}{2}\right]\right)=\frac{n^2}{4}$;当$n$为奇数时,$\left[\frac{n}{2}\right]\left(n-\left[\frac{n}{2}\right]\right)=\frac{n^2-1}{4}$。而

$$\frac{1}{2}\left[\frac{n}{3}\right]\left(3\left[\frac{n}{3}\right]+3-2n\right)=\begin{cases}\dfrac{n(3-n)}{6}, & n\equiv 0\bmod 3;\\[4pt] \dfrac{(n-1)(2-n)}{6}, & n\equiv 1\bmod 3;\\[4pt] \dfrac{(n-2)(1-n)}{6}, & n\equiv 2\bmod 3。\end{cases}$$

最后，我们得到一个简洁的结果

$$N_n=\frac{n^2}{12}+\frac{n}{2}+\frac{3}{4}+\begin{cases}\dfrac{1}{4}, & n\equiv 0\bmod 6\\[2pt] 0, & n\equiv 3\bmod 6\\[2pt] -\dfrac{1}{3}, & n=\pm 1\bmod 6\\[2pt] -\dfrac{1}{12}, & n=\pm 2\bmod 6\end{cases}=\left\langle\frac{(n+3)^2}{12}\right\rangle,$$

其中 $\langle x\rangle$ 和上面出现时一样，是离 $x$ 最近的整数。

巧合的是，这两个问题解的个数 $D_n$, $N_n$ 是相同的。果真巧合吗？我们说其实这两个问题解之间存在一一对应的关系。将约束条件 $x\geqslant y\geqslant z$ 写成：$y=z+y'$, $x=y+x'=z+y'+x'$, $x'$, $y'\geqslant 0$，于是原问题

$$x+y+z=n\Leftrightarrow x'+2y'+3z=n。$$

反之亦然。也就是说，这两个方程解的个数是相同的。

事实上，我们也可用递推方法来求解。仍记方程 $x+2y+3z=n$ 的解的个数为 $N_n$，若 $z=0$，则 $y$ 只能取 $0,1,\cdots,\left[\dfrac{n}{2}\right]$，而 $z\geqslant 1$ 转为 $z=z'+1$，也得递推关系式：

$$N_n=N_{n-3}+\left[\frac{n}{2}\right]。$$

它和(1)是一样的，计算初始值也是一样，因此 $N_n=D_n$。

下面,我们再给出一种稍简洁的解法。设不定方程
$$x+2y+3z=n$$
的非负整数解个数为 $N_n$。

考虑在 $Oyz$ 平面上,则原问题转化为
$$x, y, z \geqslant 0, \; 2y+3z \leqslant n,$$
即计算由直线 $2y+3z=n$ 及 $y$, $z$ 的正轴围成的区域(含三边)的非负整点个数。

当 $n=6k$ 时,直线 $2y+3z=n$ 和 $y$, $z$ 轴交于整点,通过矩形内的整点及对角线上整点计算得

$$N_n = N_{6k} = \frac{1}{2}((2k+1)(3k+1)+(k+1)) = \frac{1}{12}n^2 + \frac{1}{2}n + 1。$$

当 $n=6k+1$ 时,我们计算
$$x+2y+3z=6k+1$$
的非负整数解个数。当 $x=0$, $z=1, 3, \cdots, 2k-1$ 共 $k$ 个解,$x \geqslant 1$,用 $x=x'+1$ 替换,则问题转化为
$$x'+2y+3z=6k$$
的非负整数解个数。于是,可得递推关系:
$$N_{6k+1} = N_{6k} + k = \frac{1}{2}((2k+1)(3k+1)+(k+1))+k,$$
即
$$N_n = N_{6k+1} = \frac{1}{12}n^2 + \frac{1}{2}n + \frac{5}{12}。$$

同理,当 $n=6k+2$ 时,我们分 $y=0$ 和 $y \geqslant 1$ 来计算,得
$$N_n = N_{6k+2} = 2k+1+N_{6k} = \frac{1}{12}n^2 + \frac{1}{2}n + \frac{2}{3}。$$

同样，我们可类似导出 $n = 6k+3, 6k+4, 6k+5$ 时的公式。

再进一步，我们讨论一般的线性不定方程
$$x + 2y + qz = n$$
的非负整数解的数目问题，这里 $q > 2$ 且与 2 互素。

记 $N_{2,q}^{(n)}$ 表示此方程非负整数解的个数，参考文献[1]中给出了 $q = 3, 5, 7, 9$ 的公式：

$$N_{2,3}^{(n)} = \left\langle \frac{(n+3)^2}{12} \right\rangle,$$

$$N_{2,5}^{(n)} = \left\langle \frac{(n+3)(n+5)}{20} \right\rangle,$$

$$N_{2,7}^{(n)} = \left\langle \frac{(n+3)(n+7)}{28} \right\rangle,$$

$$N_{2,9}^{(n)} = \left\langle \frac{(n+3)(n+9)}{36} \right\rangle.$$

对于一般 $q > 2$ 的奇数，有没有类似的一般性结论呢？我们有如下结论：

**定理** 将 $n$ 按模 $2q$ 写成 $n = 2qk + s, k \geq 0, 0 \leq s \leq 2q-1$，则
$$N_{2,q}^{(n)} = A(k, s) + B(s),$$
$$A(k, s) = \frac{1}{4q}(n^2 + (3+q)n - s^2 - (3+q)s),$$
$$B(s) = \begin{cases} 1 + \left[\dfrac{s}{2}\right], & 0 \leq s \leq q-1; \\ 2 + \left[\dfrac{s}{2}\right] + \left[\dfrac{s-q}{2}\right] = \dfrac{2s-q+3}{2}, & q \leq s \leq 2q-1. \end{cases}$$

**证明** 首先对 $n = 2qk, k \geq 0$，我们来证明定理的结论。

和前面讨论一样，我们只要计数 $2y + qz \leq n$ 的非负整数解的个数，即在 $Oyz$ 平面上计算由直线 $2y + qz = n$ 及 $y, z$ 的正轴围成的区域（含 3 边）的非负整点个数。因为 $n = 2qk$，直线 $2y + qz = n$ 与 $y, z$

轴交于整点,容易计算直线 $2y+qz=n$ 上的整点个数。用皮克(Pick)定理或简单计算矩形 $0\leqslant y\leqslant qk, 0\leqslant z\leqslant 2k$ 上的整点,我们可以得到

$$N_{2,q}^{(n)} = \frac{1}{2}(1+qk)(1+2k) + \frac{1}{2}(k+1) = A(k,0) + B(0)。$$

再对 $n=2qk+1$。因为 $x=0$,方程 $2y+qz=2qk+1$ 有 $k$ 个解。而 $x\geqslant 1$ 可通过 $x=x'+1$ 化为 $n=2qk$ 的情况。于是,有递推关系:

$$N_{2,q}^{(2qk+1)} = N_{2,q}^{(2qk)} + k = A(k,1) + B(1)。$$

同理,对 $n=2qk+s, s\geqslant 2$,我们通过 $y=0, y\geqslant 1$ 分别计数得到递推关系:

$$N_{2,q}^{(2qk+s)} = N_{2,q}^{(2qk+(s-2))} + 1 + \left[\frac{2qk+s}{q}\right]。$$

仔细验证 $s\leqslant q-1$ 和 $s\geqslant q$ 的情形,我们可证得定理的结论。 □

这是我们在实施 2016 年中学生英才计划时出的一个小题目。有了这个表达式后,我们可进一步说明当 $q>9$ 时不能用 $n$ 的某个二次多项式的⟨·⟩来表示。

有兴趣的读者可继续研究更一般的线性不定方程 $x+py+qz=n$ 的非负整数解的个数等问题,其中 $p,q$ 是已知的互素的正整数。在组合数学中,有很多问题看上去很简单、很容易理解,但通常解答问题并不容易。

## 参考文献

1. 康庆德. 组合学笔记. 北京:科学出版社,2009

浙江大学数学科学学院　程晓良

# 从瞎子爬山到最优化方法

看到标题,读者一定会问:瞎子爬山和最优化方法有什么关系?事实上,爬山的目标是登上山顶,也就是要找海拔最高的点(见图1);而最优化是在一定约束条件下寻求某个目标函数的最大值或最小值。所以爬山本身就是一个优化问题。给定一个点,计算机可以计算目标函数在该点的信息(如函数值、梯度值),但不知道其他点的信息。这正如一个瞎子在山坡上能感觉到脚下的坡度(这是海拔函数在当前点的梯度值),但不知道山上的其他点的任何情况。可见,计算机的能力和瞎子是差不多的。正因为如此,我们说,用计算机求解最优化问题和瞎子爬山有惊人的相似之处。

图1 黄山天都峰

图 2　华罗庚

把计算机的能力和瞎子对比可能已经出人意料了，但我想问一个更让大家吃惊的问题：计算机和瞎子谁更聪明？我国已故著名数学家华罗庚先生（1910—1984，见图 2）曾把一个简单的优化方法称之为"瞎子爬山法"，该方法就是相当于瞎子在爬山时用明杖前后左右轮流试，能往上走就迈一步，直到四面都不高了就是山顶。这个方法本质上就是坐标轮换搜索法。在现实生活中，瞎子肯定不会这样爬山的，可见瞎子就比采用坐标轮换法的计算机聪明。我更偏向于把最速下降法称为"瞎子爬山法"，理由是瞎子能知道山的坡度。

最速下降法是利用最速下降方向求函数极小的方法，这相当于在爬山中沿着山坡最陡的方向往前爬。在数学上，就是求解极小化问题

$$\min_{x \in \mathscr{R}^n} f(x) \tag{1}$$

的迭代法：

$$x_{k+1} = x_k + \alpha_k(-\nabla f(x_k)),$$

其中 $\alpha_k > 0$ 是步长。$\alpha_k$ 的一个直观的选取是使得目标函数 $f(x)$ 尽可能小，也就是让 $\alpha_k = \alpha^*$ 满足精确搜索条件：

$$f(x_k - \alpha^* \nabla f(x_k)) = \min_{\alpha > 0} f(x_k - \alpha \nabla f(x_k))。$$

这就是精确搜索下的梯度法，通常称为最速下降法。

表面上看来，最速下降法是个完美的方法。该方法所用的方向是最好的（使函数值降得最快），步长也是最好的（让函数值在搜索方向上最小）。但是，最速下降法不仅不是一个最好的方法，反倒是一

个很差的方法。图 3 所示是用最速下降法求解 $\min f(x, y) = 100x^2 + y^2$ 从初始点 $(1,100)$ 开始迭代的前 20 个迭代点:

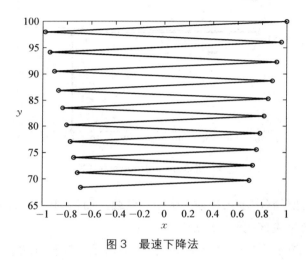

图 3　最速下降法

从图 3 可以看出,最速下降法收敛非常慢。也就是说,"最好"+"最好"≠"最好"。我在给中国科学院研究生院上课时常常和同学们开玩笑说,班上最好的男生娶班上最好的女生,结果往往不是最好的。

1988 年,加拿大数学会前会长、加拿大皇家科学院院士波温(Borwein)教授和合作者巴兹莱(Barzilai)提出了一个巧妙的办法来改进最速下降法。他们把上一次迭代的最好步长留着下一次迭代用。这一小小的改动,导致新算法的效率惊人地提高,几乎可以达到和共轭梯度法差不多的效果。图 4 所示是用 Barzilai-Borwein 方法(简称 BB 方法)求解 $\min f(x, y) = 100x^2 + y^2$ 从初始点 $(1,100)$ 开始迭代的表现:

由图 4 可知,BB 方法只需经 9 次迭代就得到一个非常高精度的解。BB 方法的提出使得优化专家们对梯度法不得不重新认识,并引发了大量的后续研究,英国皇家学会会员、优化最高奖丹齐格(Dantzig)奖获得者罗杰·弗莱彻(Roger Fletcher)等著名学者也对这个问题作了深入研究。但是,如此重要的 BB 方法本质上却如此简

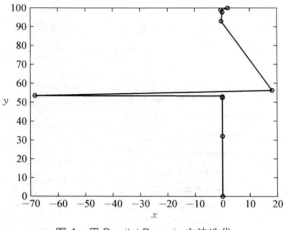

图 4 用 Barzilai-Borwein 方法迭代

单,就是把最好的步长延迟一步用。继续上面提到的玩笑就是,班上最好的男生应该找低年级最好的女生。

优化方法中另外一个应用广泛的方法是共轭梯度法。该方法最早是用来求解线性方程组的,由著名数学家科尼利厄斯·兰科斯(Cornelius Lanczos,1893—1974,见图 5)、马格努斯·安斯特尼(Magnus Hestenes,1906—1991,见图 6)和爱德华·斯蒂夫(Eduard Stiefel,1909—1978,见图 7)等提出。

图 5 兰科斯

图 6 安斯特尼

图 7 斯蒂夫

共轭梯度法的基本思想是把一个 $N$ 维问题转化为 $N$ 个一维问题。方法的关键是构造一组两两共轭的方向。巧妙的是，共轭方向可以由上次搜索方向和当前点的梯度方向之组合来逐步产生：

$$d_{k+1} = -\nabla f(x_{k+1}) + \beta_k d_k。$$

不同的 $\beta_k$ 导致不同的非线性共轭梯度法，著名的方法有：HS（Hestenes-Stiefel）方法、FR（Fletcher-Reeves）方法、PRP（Polak-Ribiére-Polyak）方法和 DY（Dai-Yuan）方法，其对应的 $\beta_k$ 的选取分别为

$$\beta_k^{HS} = (g_{k+1} - g_k)^T g_{k+1} / d_k^T (g_{k+1} - g_k),$$
$$\beta_k^{FR} = \|g_{k+1}\|_2^2 / \|g_k\|_2^2,$$
$$\beta_k^{PRP} = (g_{k+1} - g_k)^T g_{k+1} / \|g_k\|_2^2,$$
$$\beta_k^{DY} = \|g_{k+1}\|_2^2 / d_k^T (g_{k+1} - g_k)。$$

显然可以看出，这 4 个不同的 $\beta_k$ 可通过两个分子和两个分母的组合来得到。这给我们的一个启迪是：完备性和对称性能引导我们发现新的方法。

信赖域方法是英国皇家学会会员、美国科学院外籍院士、首届丹齐格奖获得者、英国剑桥大学教授鲍威尔（Powell）最先提出的。在过去的 30 年中人们对信赖域方法的研究取得了巨大的进展，并使得信赖域方法一直是非线性优化研究的中心和热点。这样一个对学科发展起了巨大推动作用的方法其基本思想却非常简单。它不像线搜索方法那样先求搜索方向然后求步长，而经每次迭代在一个区域内试图找到一个好的点。该区域称为信赖域，通常是以当前迭代点为中心的一个小邻域。试探点往往要求是原优化问题的某个近似问题在信赖域的解。试探点求出后，利用某一评价函数来判断它是否可以被接受为下一个迭代点。试探点的好坏还被用来决定如何调节信赖域。粗略地说，如果试探点较好，则信赖域保持不变或扩大；否则

将缩小。

正式的教科书追溯信赖域历史往往会提到求解非线性最小二乘问题 $\min \| F(x) \|_2^2$ 的列文伯格-马夸特（Levenberg-Marquadt）方法。因为列文伯格-马夸特步

$$d_k = -(J(x_k)J(x_k)^{\mathrm{T}} + \lambda_k I)^{-1} F(x_k)$$

是线性化最小二乘问题

$$\min \| F(x_k) + J(x_k)d \|_2^2$$

在某一个信赖域上的解，其中 $J(x_k) = \nabla F(x_k)$。如果没有信赖域约束，该问题的解就是高斯-牛顿（Gauss-Newton）步。又可以开个玩笑：高斯-牛顿（Gauss-Newton）法是一个很"值钱"的方法，因为卡尔·弗里德里希·高斯（Carl Friedrich Gauss，1777—1855）和艾萨克·牛顿（Issac Newton，1642—1727）的头像都上过各自所在国的货币（见图8、图9）。

图8　德国马克上的高斯

图9　英国英镑上的牛顿

牛顿法与优化的联系是相当多的。事实上，求函数极小 $\min_{x \in \mathscr{R}} f(x)$ 的一个基本方法就是牛顿法，它的搜索方向是：

$$d_k^N = -(\nabla^2 f(x_k))^{-1} \nabla f(x_k)。$$

牛顿法是一个几乎完美的方法，它不仅简单，而且收敛到 $f(x)$ 的极小值点 $x^*$ 的速度非常快。在二阶充分条件下，可证明它具有 $Q$ 二次收敛性：

$$\| \boldsymbol{x}_k + \boldsymbol{d}_k^N - \boldsymbol{x}^* \| = O(\| \boldsymbol{x}_k - \boldsymbol{x}^* \|^2).$$

但是，美好的东西往往是可望不可及的。在实际应用中，特别是对于大规模问题，牛顿法是没法用的，这是因为二阶偏导数矩阵 $\nabla^2 f(\boldsymbol{x}_k)$ 的计算量太大，甚至根本无法计算。

1959 年诞生的拟牛顿（quasi-Newton）方法将牛顿法中的二阶偏导数矩阵用一个拟牛顿矩阵来代替，避免了计算二阶偏导数，而且通过逐步修正拟牛顿阵，也能使方法达到超线性收敛。英国皇家学会会员、牛津大学的特里芬（Trefethen）教授将拟牛顿法与有限元、快速傅立叶变换及小波等并列为 20 世纪最重要的计算方法之一。欧美优化界的好几位院士都在拟牛顿法方面有深入的研究。弗莱彻和鲍威尔关于拟牛顿法的第一篇文章的 SCI 引用已超过 3 100 次。

拟牛顿法的核心就是将牛顿法的 $\nabla^2 f(\boldsymbol{x}_k)$ 用一个拟牛顿矩阵 $B_k$ 代替。拟牛顿矩阵满足拟牛顿公式：

$$\boldsymbol{B}_{k+1} \boldsymbol{s}_k = \boldsymbol{y}_k,$$

其中 $\boldsymbol{s}_k = \boldsymbol{x}_{k+1} - \boldsymbol{x}_k$，$\boldsymbol{y}_k = \nabla f(\boldsymbol{x}_{k+1}) - \nabla f(\boldsymbol{x}_k)$，第一个出现的拟牛顿法是戴维登-弗莱彻-鲍威尔（Davidon-Fletcher-Powell，DFP）方法，其拟牛顿矩阵修正公式为

$$\boldsymbol{B}_{k+1}^{\mathrm{DFP}} = \boldsymbol{B}_k - \frac{\boldsymbol{B}_k \boldsymbol{s}_k \boldsymbol{y}_k^{\mathrm{T}} + \boldsymbol{y}_k \boldsymbol{s}_k^{\mathrm{T}} \boldsymbol{B}_k}{\boldsymbol{s}_k^{\mathrm{T}} \boldsymbol{y}_k} + \left(1 + \frac{\boldsymbol{s}_k^{\mathrm{T}} \boldsymbol{B}_k \boldsymbol{s}_k}{\boldsymbol{s}_k^{\mathrm{T}} \boldsymbol{y}_k}\right) \frac{\boldsymbol{y}_k \boldsymbol{y}_k^{\mathrm{T}}}{\boldsymbol{s}_k^{\mathrm{T}} \boldsymbol{y}_k}.$$

而目前公认的最好的拟牛顿法是布罗依顿-弗莱彻-戈德法布-香农（Broyden-Fletcher-Goldfarb-Shanno）方法：

$$\boldsymbol{B}_{k+1}^{\mathrm{BFGS}} = \boldsymbol{B}_k - \frac{\boldsymbol{B}_k \boldsymbol{s}_k \boldsymbol{s}_k^{\mathrm{T}} \boldsymbol{B}_k}{\boldsymbol{s}_k^{\mathrm{T}} \boldsymbol{B}_k \boldsymbol{s}_k} + \frac{\boldsymbol{y}_k \boldsymbol{y}_k^{\mathrm{T}}}{\boldsymbol{s}_k^{\mathrm{T}} \boldsymbol{y}_k}.$$

美国西北大学的若赛达教授（Nocedal）（1998 年国际数学家大会 45 分钟报告者）1992 年在剑桥大学出版的综述论文集《数值模拟》（*Acta Numerica*）中提出两个公开问题："DFP 方法对强凸函数是否

收敛?"和"BFGS方法对于非凸函数是否收敛?"第二个公开问题被戴虹利用鲍威尔关于PRP方法的例子巧妙解决。而第一个公开问题虽有一些进展但至今还未彻底解决。拟牛顿法给我们的启迪是：近似和逼近是构造优化方法有力武器。

另一个著名数学家，拉格朗日(Joseph Louis Lagrange，1736—1813)和优化也有紧密的联系。事实上，寻找有约束条件的优化问题

$$\min_{x \in \mathscr{R}^n} f(x); \quad (2)$$

$$\text{s.t.} \ c_i(x) = 0, \ i = 1, 2, \cdots, m_e; \quad (3)$$

$$c_i(x) \geqslant 0, \ i = m_e + 1, \cdots, m \quad (4)$$

图 10　拉格朗日

的最优解等价于计算拉格朗日函数

$$L(x, \lambda) = f(x) - \sum_{i=1}^{m} \lambda_i c(x)$$

的鞍点(见图11、图12)。

图 11　中国古代马鞍

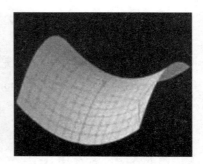

图 12　Matlab 图形 $z = x^2 - y^2$

$\lambda_i$ 称为拉格朗日乘子，对应于不等式约束的拉格朗日乘子应该

是非负的。拉格朗日函数对优化的重要性不仅体现在刻画最优性条件上,同时它在优化计算方法的构造上起了巨大的作用。例如,著名的逐步二次规划方法(SQP)就是基于拉格朗日-牛顿(Lagrange-Newton)法发展起来的。

20世纪优化的另一个重大突破是内点法的提出和兴起。线性规划是最简单的约束优化问题,它的标准形式如下:

$$\min_{x \in \mathscr{R}^n} \boldsymbol{c}^\mathrm{T} \boldsymbol{x}; \tag{5}$$

$$\text{s. t.} \quad \boldsymbol{A}\boldsymbol{x} = \boldsymbol{b}, \tag{6}$$

$$\boldsymbol{x} \geqslant 0, \tag{7}$$

其中 $\boldsymbol{c} \in \mathscr{R}^n$,$\boldsymbol{A} \in \mathscr{R}^{m \times n}$,$\boldsymbol{b} \in \mathscr{R}^m$。线性规划在经济、国防等许多重要领域有着广泛的应用。线性规划的奠基者有优化先驱乔治·丹齐格(George Dantzig,1914—2005,见图13),诺贝尔奖获得者列奥尼德·康托洛维奇(Leonid Kantorovich,1912—1986,见图14),和著名数学家纽曼(John von Neumann,1903—1957,见图15)。

图13 丹齐格　　　图14 康托洛维奇　　　图15 纽曼

在几何上,线性规划可理解为求凸多面体最低的点。丹齐格提出的求解线性规划的单纯形法(simplex method)本质上就是每次从凸多面体的一个顶点走到相邻的一个更低的顶点而逐步找到最低点的方法。单纯形法具有简单、直观等优点,用它来求解大多数线性规划问题也是非常快的。但是,可以构造例子,使得单纯形法走遍凸多面体的每个顶点,于是可知单纯形法的复杂度是呈指数级的。

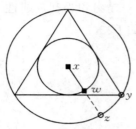

$f(x)-f(w)=0.5(f(x)-f(z))$

图16　三角形的内切圆和外接圆

1984年,美国贝尔实验室的印度数学家卡马卡(Karmarkar)提出了一个具有多项式复杂度的方法。卡马卡方法的基本思想是从凸多面体的内部而不像单纯形那样在边界上去逐步靠近最优解。卡马卡方法可看成是利用牛顿法求解 log 罚函数的方法。事实上,卡马卡方法有一个很简单但同时又是很巧妙的几何解释。举一个简单的例子来说明这一点。假定我们需要寻找三角形的最低顶点 $y$。设当前点是三角形的中心 $x$,重力方向是 $\vec{xz}=-c$。作三角形的内切圆和外接圆,从中心点 $x$ 出发沿重力方向交内切圆和外接圆分别为 $w$ 和 $z$(见图16)。由于外接圆包含三角形而三角形又包含内切圆,我们就知道高度函数 $f(\boldsymbol{x}) = \boldsymbol{c}^\mathrm{T}\boldsymbol{x}$ 满足 $f(\boldsymbol{z}) \leqslant f(\boldsymbol{y}) \leqslant f(\boldsymbol{w})$。

由于内切圆半径是外接圆半径的一半,而且 $f(x)$ 是线性函数,所以我们有

$$f(x) - f(w) = \frac{1}{2}[f(x) - f(z)] \geqslant \frac{1}{2}[f(x) - f(y)]。$$

也就是说,通过一次迭代(从 $x$ 到 $w$)我们就可以让目标函数到最优函数值的距离缩小一半,这样就很容易得到多项式复杂度(与精度有关)的算法。当然,真正的卡马卡算法没有那么简单,我们只是用这个例子来说明它的基本思想。这给我们的另一个启迪是:了解问题的几何本质对构造高效的计算方法是非常有帮助的。

内点法在过去的20多年一直是十分热门的研究方向。许多国际著名学者,如美国科学院院士、美国工程院院士、美国纽约大学柯朗研究所计算科学系主任顿特(Wright)教授;丹齐格奖获得者、美国康奈尔大学的托德(Todd)教授等都在内点法方面有深入的研究。可喜的是,许多华人学者,如美国斯坦福大学的叶荫宇教授、美国莱斯(Rice)大学的张寅教授、美国明尼苏达大学的罗智泉教授、香港中文大学的张树中教授等在这个国际热门研究领域中也作出了突出的贡献。近年来新兴的优化方向如半定规划、锥优化等的主要求解方法都是内点法。

关于优化,著名的数学家欧拉(Leonhard Euler,1707—1783,见图17)曾说过:"Für, da das Gewebe des Universums am vollkommensten und die Arbeit eines klügsten ist Schöpfers, nichts an findet im Universum statt, in dem irgendeine Richtlinie des Maximums oder des Minimums nicht erscheint."(由于宇宙组成是最完美也是最聪明造物主之产物,宇宙间万物都遵循某种最大或最小准则。)这实际上就是说优化无处不在。

图17 欧拉

事实上,在其他科学研究领域中的许多问题也归结于优化问题。例如,力学中的最小重量、最大载重、结构最优等;金融中的最大利润、最小风险等;生命科学中的DNA序列、蛋白质折叠等;信息科学中模式识别、海量数据处理等;地学中的反演问题;交通中的时刻表安排、最短路程等,本质上都是优化问题。

近年来备受关注的一个问题是压缩感知(compressive sensing)。

菲尔茨奖获得者陶哲轩，美国科学院院士、斯坦福大学教授多诺霍（Donoho）等人对该问题有深入的研究。压缩感知问题的实际背景是用尽可能少的存贮记录尽可能清晰的图像。从计算上看，压缩感知问题是求解线性方程组的最少非零元素解，它就是如下优化问题：

$$\min_{x\in \mathscr{R}^n} \|x\|_0; \tag{8}$$

$$\text{s. t.} \quad Ax = b, \tag{9}$$

其中 $\|x\|_0$ 是指向量 $x$ 的非零元素的个数，$A \in \mathscr{R}^{m\times n}$，$b \in \mathscr{R}^m$，而且 $m \ll n$。由于 $\|x\|_0$ 非凸而且不连续，问题(8)~(9)的求解是NP难的。所以人们转而求解 $L_1$ 优化问题：

$$\min_{x\in \mathscr{R}^n} \|x\|_1; \tag{10}$$

$$\text{s. t.} \quad Ax = b_\circ \tag{11}$$

因为 $L_1$ 优化问题(10)~(11)是一个凸优化，有多项式算法。纯数学家关心的是在什么条件下，(8)~(9)和(10)~(11)是等价的。而计算数学家更关注如何快速求解问题(10)~(11)。

生命科学中一个重要的问题是蛋白质折叠问题。由于蛋白质的结构决定它的功能，因此知道它的空间结构是十分重要的。通常的一种做法是利用核磁共振技术测量出一些原子之间的距离，然后利用这些距离确定所有原子在空间的位置。这个问题在数学上是一个距离几何问题：求解 $x_k(k = 1, \cdots, n) \in \mathscr{R}^3$，使得

$$\|x_i - x_j\|_2 = d_{ij}, (i, j) \in S_\circ \tag{12}$$

这里 $d_{ij}((i, j) \in S)$ 是给定的距离，而 $S$ 是集合 $\{(i, j) \mid i = 1, \cdots, n; j = 1, \cdots, n\}$ 的一个子集合。距离几何问题可归结为求解非线性最小二乘

$$\min_{x_k\in \mathscr{R}^3, k=1,\cdots,n(i,j)\in S} \sum (\|x_i - x_j\|_2 - d_{ij})^2,$$

或者是非光滑优化

$$\min_{x_k \in \mathscr{R}^3,\, k=1,\cdots,\, n} \sum_{(i,j) \in S} \big| \| x_i - x_j \|_2 - d_{ij} \big|$$

的全局最小点。除了在生命科学中的应用，距离几何问题在无线通信网络定位、图像识别等许多其他科学和工程领域中也有重要的应用。

在学科发展上，优化近年来也越来越受到国际学术界的重视，例如，2007 年在苏黎世召开的国际工业与应用数学大会上，27 个大会报告就有 5 个是关于优化的；2006 年在西班牙召开的国际数学家大会上也有一个优化方面的一小时报告。

历史上，我国广大科技工作者在老一辈科学家华罗庚等的带领下，在优化及其应用方面做出了突出的贡献。当前，国家正处于劳动密集型经济向科技创新型经济转型时期，优化正处大有用武之地，恰逢大有作为之时。我们相信，优化将在我国国民经济建设的各个方面发挥更大的作用。

中国科学院数学与系统科学研究院　袁亚湘

# 迭代算法的平方收敛

给定一个函数 $f(x)$ 以及一个初始值 $x_0$,然后重复地计算

$$x_{k+1} = f(x_k),\ k = 0, 1, 2, \cdots,$$

就叫迭代法。

迭代法在人类有了计算机以后产生了巨大的作用。它利用计算机运算速度快、适合做重复性操作的特点,让计算机重复执行一组指令(或一定步骤),在每次执行这组指令(或这些步骤)时,都从变量的原值推出它的一个新值。虽然迭代法的思想产生在很久以前,包括阿基米德(Archimedes,前287—前212)、刘徽都用过,但在计算机出现以前,迭代法仅仅具有算法思想,难以付诸实用,其生命力也就非常有限了。

**一、迭代算法求根**

一个最典型的迭代法的例子就是开根号。假如我们不知道如何开根号,这样就没有办法求 $\sqrt{2}$。

换一个思路。我们问如何求 $x^2 - 2 = 0$ 的根或其近似根?考虑 $x^2 - 2 = 0$ 的一个等价形式:

$$x = \frac{1}{2}\left(x + \frac{2}{x}\right).$$

这就可形成一个迭代算法：大概地给定一个初始近似值 $x_0$，通过下面的公式逐次形成 $x_1, x_2, \cdots$：

$$x_{k+1} = \frac{1}{2}\left(x_k + \frac{2}{x_k}\right), \ k = 0, 1, 2, \cdots。 \tag{1}$$

即不断令 $x_{k+1}$ 等于 $x_k$ 和 $2/x_k$ 的算术平均数，迭代六七次后得到的值就已经相当精确了。

例如，假设首先猜测 $\sqrt{2}$ 的初始近似值为 1，虽然它不是很准确，但从表 1 可以看到：使用迭代法(1)后，迭代值很快趋近于 $\sqrt{2}$。注意到迭代 6 次有近 50 位有效数字，而迭代 7 次就有近 100 位的有效数字！

表 1　迭代算法(1)前 7 次迭代后的近似值；底下划线部分是精确值

| $k$ | $x_k$ |
|---|---|
| 0 | 1.000 000 000 000 000 000 000 000 000 000 000 000 000 000 000 000 000 000 000 000 000 0 |
| 1 | 1.500 000 000 000 000 000 000 000 000 000 000 000 000 000 000 000 000 000 000 000 000 0 |
| 2 | 1.416 666 666 666 666 666 666 666 666 666 666 666 666 666 666 666 666 666 666 666 666 6 |
| 3 | 1.414 215 686 274 509 803 921 568 627 450 980 392 156 862 745 098 039 215 686 274 509 803 921 56 |
| 4 | 1.414 213 562 374 689 910 626 295 578 890 134 910 116 559 622 115 744 044 584 905 019 200 054 37 |
| 5 | 1.414 213 562 373 095 048 801 689 623 502 530 243 614 981 925 776 197 428 498 289 498 623 195 82 |
| 6 | 1.414 213 562 373 095 048 801 688 724 209 698 078 569 671 875 377 234 001 561 013 133 113 265 25 |
| 7 | 1.414 213 562 373 095 048 801 688 724 209 698 078 569 671 875 376 948 073 176 679 737 990 732 47 846 210 703 885 038 753 432 764 |

为什么会有这么好的精确度呢？

下面我们做一些简单分析。由(1)，根据算术平均数大于几何平均数得出：

$$x_{k+1} \geqslant \sqrt{x_k \cdot 2/x_k} = \sqrt{2}, \ k = 0, 1, 2, \cdots。$$

另一方面,仍由(1)可以得到:

$$x_{k+1} - \sqrt{2} = \frac{1}{2}\left(x_k + \frac{2}{x_k}\right) - \sqrt{2}$$

$$= \frac{x_k^2 - 2\sqrt{2}x_k + 2}{2x_k} = \frac{(x_k - \sqrt{2})^2}{2x_k}。$$

结合上面这两个结果可以得到:

$$0 \leqslant x_{k+1} - \sqrt{2} \leqslant \frac{1}{2\sqrt{2}}(x_k - \sqrt{2})^2。$$

这种性质称为二次收敛或平方收敛。具有这种性质的算法收敛非常快,每迭代一步就可以加倍小数点后面的有效数字。比如一开始的误差是 $10^{-1}$,在迭代 6 次的过程中产生的误差分别是 $10^{-2}$,$10^{-4}$,$10^{-8}$,$10^{-16}$,$10^{-32}$,$10^{-64}$ 的量级!

那么,是不是每个迭代公式都可以收敛得这么快呢?答案是否定的。比如,考虑求 $\sqrt{3}$ 的近似值,通过下面这个恒等式:

$$x = 1 + x - \frac{x^2}{3},$$

可以得到迭代公式

$$x_{k+1} = 1 + x_k - \frac{x_k^2}{3}。 \tag{2}$$

这个迭代对任何给定的初始值 $x_0$ 都是收敛的。如取初始值为 $x_0 = 3$ 就可以得到表2的结果。这时,区别就看出来了:对于迭代算法(2),迭代 7 次以后,仅能得到 5 位有效数字,而不是前面例子所给出的近似 100 位有效数字。

表 2　迭代算法(2)前 7 次迭代后的近似值

| $k$ | 0 | 1 | 2 | 3 | 4 | 5 | 6 | 7 |
|---|---|---|---|---|---|---|---|---|
| $x_k$ | 3.000 00 | 1.000 00 | 1.666 67 | 1.740 74 | 1.730 68 | 1.732 26 | 1.732 01 | 1.732 05 |

那么对于 $\sqrt{3}$，如何能够推导出(1)这样的迭代公式，使得它有平方收敛呢？

答案是肯定的。我们还是考虑下面的形式：

$$x = Ax + \frac{B}{x}, \tag{3}$$

其中 $A, B$ 为待定系数。首先需要(3)和 $x^2 = 3$ 等价，也就是说：

$$(1-A)x^2 = B, \Rightarrow \frac{B}{1-A} = 3。\tag{4}$$

另一方面，对于迭代公式 $x_{k+1} = Ax_k + B/x_k$ 可以推出

$$x_{k+1} - \sqrt{3} = \frac{1}{x_k}(Ax_k^2 - \sqrt{3}x_k + B)。$$

如果需要右式出现 $(x_k - \sqrt{3})^2$ 这个因子，就必须有判别式 $(\sqrt{3})^2 - 4AB = 0$。由(4)和这个结果可以得出 $A = \frac{1}{2}$ 和 $B = \frac{3}{2}$。这时，重复上面对 $\sqrt{2}$ 时的推导，可以验证迭代公式

$$x_{k+1} = \frac{1}{2}\left(x_k + \frac{3}{x_k}\right), k = 0, 1, 2, \cdots$$

满足

$$0 \leqslant x_{k+1} - \sqrt{3} = \frac{(x_k - \sqrt{3})^2}{2x_k} \leqslant \frac{1}{2\sqrt{3}}(x - \sqrt{3})^2, k = 1, 2, \cdots。$$

上述这个构造具有平方收敛的迭代方法，适合于近似 $\sqrt{5}$，$\sqrt{6}$，$\cdots$ 等求根问题。

## 二、求圆周率的平方收敛算法

目前，最快的计算圆周率的迭代算法基于高斯（Karl Gauss,

1777—1855)和勒让德(Adrien-Marie Legendre,1752—1833)的纯数学理论,它于 1975 年被布伦特(Richard Brent)和萨拉明(Eugene Salamin)提炼为适合计算机计算的现代算法。此算法以迅速收敛著称,只需 25 次迭代即可产生 π 的 4 500 万位正确数字。日本筑波大学于 2009 年 8 月 17 日宣布利用此算法计算出 π 小数点后 2 500 多亿(2 576 980 370 000)位数字。

下面给出高斯-勒让德算法:选取初值 $a_0=1$, $b_0=1/\sqrt{2}$, $t_0=1/4$, $p_0=1$,对 $n=0, 1, 2, \cdots$,有

$$a_{n+1} = \frac{a_n + b_n}{2},$$
$$b_{n+1} = \sqrt{a_n b_n},$$
$$t_{n+1} = t_n - p_n(a_n - a_{n+1})^2,$$
$$p_{n+1} = 2p_n,$$
$$\pi_{n+1} = \frac{(a_{n+1} + b_{n+1})^2}{4t_{n+1}}.$$

此算法之所以被称为高斯-勒让德算法,是因为这两位大数学家贡献了原始思想;在 19 世纪,高斯已经知道算术-几何平均迭代可以导致二次收敛,就像上节通过近似求解 $\sqrt{2}$ 的例子那样具有快速的收敛性质;而勒让德推导出的一个关于椭圆积分的恒等式是算法成功的一个重要保证。

在表 3 给出的算例中,我们先取 $n=0$,算出 $a_1$, $b_1$, $t_1$, $p_1$, $\pi_1$ 的值,之后再让 $n=1$,重复下去,就会得到一系列的数据 $\pi_n$ 来近似 π。从数值结果可以看出,高斯-勒让德算法是平方收敛的,即如上节例子所演示的那样,误差随着迭代次数成平方阶递减。特别地,迭代 3 次后就可以得到 19 位有效数字,迭代 5 次就可以得到 84 位,迭代 6 次后得到有效数字 171 位,而迭代 7 次时,有效数字就增加为 345 位。

**表 3  高斯-勒让德算法前 6 次迭代后的近似值；划线部分表示有效数字**

| $n$ | $\pi_n$ |
|---|---|
| 1 | 3.<u>140</u> 579 250 522 168 248 311 331 268 975 823 911 773 440 237 512 948 335 643 486 693 345 582 758 034 902 907 827 |
| 2 | 3.<u>141 592</u> 646 213 542 282 149 344 431 982 695 774 314 437 223 345 602 794 559 539 484 821 434 767 220 795 264 694 |
| 3 | 3.<u>141 592 653 589 793 238</u> 279 512 774 801 863 974 381 225 504 835 446 935 787 330 702 026 382 137 838 927 399 031 |
| 4 | 3.<u>141 592 653 589 793 238 462 643 383 279 502 884 197</u> 114 678 283 648 921 556 617 106 976 026 764 500 643 061 711 |
| 5 | 3.<u>141 592 653 589 793 238 462 643 383 279 502 884 197 169 399 375 105 820 974 944 592 307 816 406 286 208 998</u> 625 |
| 6 | 3.<u>141 592 653 589 793 238 462 643 383 279 502 884 197 169 399 375 105 820 974 944 592 307 816 406 286 208 998 628 034 825 342 117 067 982 148 086 513 282 306 647 093 844 609 550 582 231 725 359 408 128 481 117 450 284 102 701</u> 936 |
| 7 | 3.<u>141 592 653 589 793 238 462 643 383 279 502 884 197 169 399 375 105 820 974 944 592 307 816 406 286 208 998 628 034 825 342 117 067 982 148 086 513 282 306 647 093 844 609 550 582 231 725 359 408 128 481 117 450 284 102 701 938 521 105 559 644 622 948 954 930 381 964 428 810 975 665 933 446 128 475 648 233 786 783 165 271 201 909 145 648 566 923 460 348 610 454 326 648 213 393 607 260 249 141 273 724 587 006 606 315 588 174 881 520 920 962 829 254 091</u> 714 |

由于篇幅限制，高斯-勒让德算法的平方收敛推导将不在此给出，有兴趣的读者可以参考作者近期准备的一个小册子[1]。

## 参考文献

1. 汤涛. 从圆周率计算浅谈计算数学. 北京：高等教育出版社（数学文化小丛书），2017

南方科技大学数学系　汤　涛

# 费马大定理的传奇故事

在初中几何课程中有一个非常基本的定理:设直角三角形的两条直角边分别为 $a$ 和 $b$,斜边为 $c$,则必有 $a^2+b^2=c^2$。我国将其称为勾股定理。因为在我国古代,将人的脚板称为"句"(读音为勾),把小腿称为"股",所以,将直角三角形中的短直角边称为"勾",将长直角边称为"股",将斜边称为"弦"(一张弓的弦)。

勾股定理是初等数学中一个最伟大、最有用的定理,而且是人类文明史上第一个出现的数学定理,至少已有四千多年的历史。

勾股定理在中国还有一个名字叫商高定理。据《周髀算经》记载,在公元前1100年,数学家商高说:"数之法出于圆方,圆出于方,方出于矩。故折矩以为句广三,股修四,径隅五。既方之,外半其一矩,环而共盘,得成三、四、五,两矩其长二十有五,是谓积矩。"这说明当时已经知道两条直角边分别为 3 和 4 的直角三角形,它的斜边为 5。

勾股定理在西方称为毕达哥拉斯定理。传说是古希腊数学家毕达哥拉斯(Pythagoras,约前580—前497)有一次到朋友家做客,看着脚旁的拼花地板突然发现的。为此,他欣喜若狂,回家后竟杀了100条牛以示庆贺,所以又称为百牛定理。不过他所看到的是两个直角边相等的等腰直角三角形的情形。对于一般的直角三角形情形的证明,是公元前 3 世纪,欧几里得(Euclid,约前 330—前 275)在《几何原本》中给出的。

所以商高的结果比毕达哥拉斯的结果早了 600 多年!

勾股定理的最大特色是,它是一题多解的典范。在美国 1940 年出版的一本书中有 365 种证法(实际上共有 400 多种,而且不断有新证法产生)。中国历代数学家的证法已超过 200 种。一个数学定理能够受到如此持久、如此广泛的关注,并且拥有如此之多的证法,这不仅在数学史上是独一无二的,恐怕在整个科学史上也是绝无仅有的。

人们花了几千年时间,一直致力于寻找勾股定理的各种证法。到了 17 世纪,有一个法国律师、数学家费马(P. de. Fermat, 1601—1665)别出心裁另辟方向。他提出了一个猜想,并且开了一个恶作剧的玩笑,足足困惑了世间智者 358 年才得到证实,这就是著名的"费马大定理"。

下面,我们介绍一下事情的起源、历程和结局。

## 一、提出猜想的传奇方式

1621 年,费马买到了一本古希腊数学家丢番图(Diophantus)所著的书《算术》。费马发现其中有一个问题,即将一个已知的平方数分为两个平方数之和。取的例子是

$$\left(\frac{16}{5}\right)^2 + \left(\frac{12}{5}\right)^2 = 16, 即 16^2 + 12^2 = 20^2.$$

当费马看出作者是在讨论满足 $x^2 + y^2 = z^2$ 的三元组 $(x, y, z)$ 时,立刻在书页旁写下了 $x^3 + y^3 = z^3$,而且写下了他的结论:"不可能将一个整数的立方写成两个整数的立方的和;也不可能将一个整数的 4 次幂写成两个整数的 4 次幂的和。一般说来,不可能将任意一个次数大于 2 的方幂写成两个同次方幂的和。"接着,这个好恶作

剧的天才，在这个边注后面，又加了一句话："我有一个对这个命题的绝妙证明，但这里的空白太窄，写不下了。"他的这个边注，折磨了一代又一代的数学家们，长达300多年。

当然，当时所说的整数指的是正整数。确切的说法应是：对于正整数 $n \geqslant 3$，方程 $x^n + y^n = z^n$ 都没有整数解 $(x, y, z)$，$xyz \neq 0$。称为"费马大定理"（Fermat's Last Theorem），简记为 FLM。

说费马是一位传奇人物，除了他有非常了不起的直观天才（他在一生中提出过很多非常重要的数学猜想，令人惊奇的是，他的几乎所有猜想全部被后人一一证实，仅有一个例外），还有另一层含义，就是他有与众不同的习惯与癖好：

其一，他从不把研究成果写成文章发表，也从不出版书籍。

其二，他有只叙述问题而将解答隐藏起来的习惯。他与别的数学家的通信仅仅是对他们的挑逗，他要享受能让同行烦恼而带来的满足。

其三，他在看书时，总是把评注、证明和研究成果写在书页的空白处，甚至随手扔进废纸箱。

正因为费马有保密的习惯和恶作剧的癖好，他的各种发现和研究成果可能会被永远遗失。幸运的是，他的长子花了5年时间，收集他父亲所写的注记和信件，检查他看过的书籍，共收集到48个评注，在1670年出版了《附有 P. de. 费马的评注的丢番图的算术》。遗憾的是，对这些评注，或者根本没有任何解释，或者仅仅给出证明的一点点提示，以向后人提出挑战。

因此可以说，费马是一位隐身独处、无意于名利的缄默的天才，而且有恶作剧的癖好。

## 二、步履艰难的探索过程

费马的猜想大约是在1637年公布于世的，立刻引起了全世界著名数学家的热烈关注，给出了各种方法，但都未获得完满成功。

（1）从这个猜想公布于世后，首先对费马大定理做出了突破性工作的是瑞士数学家欧拉(L. Euler，1707—1783)。他在与这个猜想毫不相干的地方，发现了隐藏在费马草草写下的注记中的一条线索，其中隐蔽地描述了对于 $n = 4$ 的一个证明。

1753 年 8 月 4 日，欧拉告诉普鲁士数学家哥德巴赫（C. Goldbach，1690—1764），他已用无穷递降法证明了 $n = 3$ 的情形，即 $x^3 + y^3 = z^3$ 无解。这是 100 多年以来，第一次对费马的挑战取得的成功！

但接着，当欧拉将此论证方法用于其他情形时，却均告失败。

（2）很快地，人们发现，可把问题做很大的简化：如果能证明

当 $p$ 为奇素数时，$x^p + y^p = z^p$ 无解，

那么，对任何 $n$，$x^n + y^n = z^n$ 必定都无解。

可是奇素数仍有无穷多个，如何逐个突破呢？在以后的几十年中，一直没有取得突破性的进展。

（3）到了 19 世纪初，出现了一位对解决费马大定理做出重大贡献的法国女数学家，她叫索菲·热尔曼(Sophic Germain，1776—1831)。以往的证明都企图对不同的 $n$ 各个击破。热尔曼提出一种全新的计算方法，对所有的使得 $2p+1$ 为素数的素数 $p$ 做统一处理。后人称这种素数 $p$ 为"热尔曼素数"。例如，$p = 5$ 是热尔曼素数。

（4）有趣的是，在 1825 年，年龄相差 50 多岁的两位法国数学家，狄利克雷(G. L. Dirichlet，1805—1859)和勒让德(A. M. Legendre，1752—1833)，用热尔曼方法，分别独立地证明了：当 $p = 5$ 时，$x^5 + y^5 = z^5$ 无解。

（5）在 14 年以后，1839 年又有一位法国数学家拉梅(G. Lame，1795—1870)对热尔曼的方法做了巧妙的补充，宣布证明了当 $p = 7$(它不是热尔曼素数) 时，$x^7 + y^7 = z^7$ 无解。

（6）在 1847 年 3 月 1 日的法国科学院的会议上，发生了戏剧性

的一件事。拉梅和柯西（A. L. Cauchy，1789—1857）都宣布即将提供一个完整的费马大定理的证明，且都声明在科学院内已经存放了盖章密封的信件，里面装有已经取得的成果。这种做法，既可在有争议时作为证据，又不会泄露工作的细节。接着，他们都发表了含糊的证明细节，于是，人们的期望越来越迫切。可是不久发现他们犯了相同的错误。

后来，库默尔（E. E. Kummer，1810—1893）证明了当 $p \leqslant 100$ 时，$x^p + y^p = z^p$ 都没有解。

（7）1983 年，29 岁的德国青年数学家法尔廷斯证明了："如果 $x^n + y^n = z^n$ 有解，则最多只能有有限个解。"这是一个重大突破。1986 年，32 岁的他获得了菲尔兹奖。

（8）到了 1993 年，人们利用计算机证明了，只要 $n$ 不超过 400 万，$x^n + y^n = z^n$ 必定无解。虽然，这已是一个很大的范围，但对于费马大定理的证明来说，还差得远呢！

其实，有些著名数学家认为费马的猜想是不成立的，研究者必定会以失败告终。

例如，被称为"数学家之王"的高斯（C. F. Gauss，1777—1855），从未发表过论述费马大定理的文章，甚至还流露出对这个问题的蔑视。他说："我认为费马大定理作为一个孤立的问题，对我来说几乎没有兴趣。我可以很容易地写下许多这样的命题，人们既不能证明它们，又不能否定它们。"

有人曾问过数学大师希尔伯特（D. Hilbert，1862—1943），为什么不去尝试证明费马大定理？他说："在开始着手之前，我必须花 3 年时间作深入细致的研究，而我没有那么多时间去浪费在一件可能失败的事情上。"

1900 年 8 月 8 日，在巴黎召开的国际数学家会议上，希尔伯特发表题为《数学问题》的震动数学界的著名演讲。他提出了 23 个数学问题（其中大部分集中于数学的逻辑基础），作为数学家的奋斗目标，揭开了 20 世纪数学研究的序幕。可是,他并没有把费马大定理直接包含在内。他意识到缺少的是逻辑。他把费马大定理作为一个典型例子来说明,在探索一个难题的过程中,常常会使人们闯入一个新的领域中去。他满怀深情地说:"我们应当更加注意,不要杀掉这只经常能为我们生出金蛋的母鸡。"到了 1920 年,已经 58 岁的希尔伯特在哥廷根所做的一个关于费马大定理的演讲中曾预言过:"我可能活不到看见这一天。但是在座的年轻人会亲眼看到答案。"后来事情的发展,完全证实了希尔伯特的预言。

事情发展到了这种地步,人们逐渐意识到这种以计算为主且是各个击破的证明思路似乎走不通了!于是不得不另辟蹊径,那就是依靠逻辑推理为主的证明途径。

### 三、跌宕起伏的拼搏历程

到了 20 世纪下半叶,终于出现了另一位传奇人物,叫 安德鲁·怀尔斯(A. Wiles)。他 1953 年出生在英国剑桥,21 岁获得牛津大学学士学位,22 岁在剑桥大学当研究生,24 岁取得博士学位。在 20 世纪 80 年代末横渡大西洋来到美国的普林斯顿大学,29 岁担任美国普林斯顿大学教授。

他从 8 岁开始,自发地喜欢数学。在他 10 岁那年,在贝尔所著的《大问题》这本书中,他看到了费马的这个猜想。这是一个连 10 岁的孩子都能看得懂的一个问题:当 $n > 2$ 时,$x^n + y^n = z^n$ 没有整数解。在书的结尾说:这个证明很久以前就被遗失了。对此,怀尔斯感到好奇和困惑,为什么此问题历经 300 多年仍未解决?于是他立志要使世界震惊。可以说,怀尔斯决心终生为证明费马大定理而奋斗,是冒着极大风险的。然而他坚信:"我假定费马懂得的数学并不比我懂得的多很多。""过去试图解决这个问题的大数学家越多,它的挑战性就越大,它的神秘色彩就越浓。"

怀尔斯在他的青少年时代,就研究了欧拉、热尔曼、柯西、拉梅和库默尔的工作。1975年,他在剑桥大学当研究生,导师决定要怀尔斯研究椭圆曲线领域。从1986年开始,已是普林斯顿大学教授的他开始研究费马大定理。

他决定仿效数学隐士费马的方式,排除外界的一切干扰,完全独立和保密地进行研究,只有他的妻子一个人知道。他放弃了所有的与证明费马大定理无直接关系的事情,一回到家,就躲进顶楼的书房。他成了顶楼上的勇士。

怀尔斯走的是什么途径呢?

20世纪中叶,数学史上又出现了一个猜想,这是一个看上去与费马的那个猜想毫不相干的猜想,它是日本东京大学的两位数学家谷山丰和志村五郎提出来的。

1985年的秋天,在德国的一次数学讨论会上,有一位名叫弗赖(G. Frey)的演说者提出:"如果能证明谷山-志村猜想是正确的,那么,费马大定理也一定是正确的。费马大定理是谷山-志村猜想的一个推论。"

这就是说,弗赖在费马方程与椭圆方程之间架设了一座非常巧妙的桥梁。如果弗赖的证明是正确的,那么要证明费马大定理是正确的,只要证明谷山-志村猜想是正确的就行了。

在这里必须要提到一位有心人,他就是普林斯顿高等研究院的罗伯特·朗兰兹教授。在20世纪60年代,他提出了著名的《朗兰兹纲领》。他确信在所有的主要的数学课题之间存在着相互连接的环链,只要找出这些环链,最后可形成一个宏伟的统一的数学。在某个数学领域中无法解答的问题,可以转换成另一个领域中相应的问题,而在那里可能有一整套新武器可以对付它;而且这种转换是可以在各个领域之间传递的。这是一种至善至美的哲学观。

毫无疑问,《朗兰兹纲领》对科学的发展有着极其巨大的指导和启示意义!证明谷山-志村猜想是实现这一纲领的极其重要的一例。

于是,怀尔斯就致力于证明谷山-志村猜想。他心无旁骛,花了2

年多时间,应用伽罗瓦的群的工具,顺利地完成了关键的第一步。出于保密考虑,他没有公开。

正当他有望完成所有证明时,在 1988 年 3 月 8 日,他突然看到一条消息:东京大学 38 岁的宫冈洋一已从微分几何的角度证明了费马大定理。这当然使得怀尔斯有些紧张。幸好在一个月后,人们发现在宫冈的关于费马大定理的证明中,仍有一个逻辑上的漏洞。怀尔斯虚惊一场。

此时,人们回忆起费马写在页边上的恶作剧的话,于是,在纽约的第八街地铁车站的墙上出现了俏皮话:

$$x^n + y^n = z^n \quad 没有解,$$
对此,我已经发现一种真正美妙的证明,
可惜我现在没有时间写出来,因为我要乘坐的火车正在开来。

怀尔斯终于松了一口气。此时,他好比进入了一幢从未去过的漆黑的大厦。到了 1990 年,他在普林斯顿已经当了 5 年隐士,他相信胜利在望。

怀尔斯继续努力,结果只剩下最后一步了。

又过了几个月,在 5 月末的一个早晨,他突然发现了一个方法,高兴得忘记了吃午饭,一直忙到了下午三四点钟,他确信已经证明了谷山-志村猜想,因而也证明了费马大定理。

在 1993 年 6 月,在英国剑桥的牛顿研究所举行了一次关于数论方面的工作报告会,会名为《L—函数和算术》。这是 20 世纪一次最重要的数学讲座。怀尔斯做了一次"世纪演讲"震惊了全场:"我从未见过如此辉煌的演讲,充满了如此奇妙的思想。具有如此戏剧性的紧张,准备得如此之好!""在一生中你只有一次能听到演讲者宣布他解决了一个长达 350 年的问题的演讲。我的天哪!要知道我们刚才亲眼目睹了一个多么伟大的事件!"

于是,怀尔斯被称为"本世纪最杰出的数学家。"1 000 个座位的报告大厅,每张 5 美元的门票销售一空,黄牛票每张 25 美元。《人物》杂志甚至将怀尔斯与英国戴安娜王妃和美国总统克林顿一起列为"本年度 25 位最有魅力者"之一。有一家国际上著名的制衣大企业(国际"G. A. P."牛仔裤公司),请这位温文尔雅的天才为他们的系列男装做广告。

怀尔斯的长达 200 页的证明必须经受极其严格的审查。大约在 8 月 23 日左右,他的导师发现了一个重大的缺陷,其后果是,即便经过修改,仍然不能成功。

怀尔斯原先以为这是一个既简单又幼稚的问题,很容易解决。于是,他决定再一次与外界隔绝,集中精力填补这个缺陷。他想在两个星期之内完毕,作为妻子内达的生日(10 月 6 日)礼物。后来,他越来越感到事情的严重性。时间一长,电子邮件满天飞,纷纷怀疑证明中的错误很多,埋怨他们被蒙在鼓里。怀尔斯不理睬外界的争论和猜测,专心致志补漏洞。可是他刚把这一部分问题补好,另一部分又出现问题。这就好像在一个大房间中,总不能把地毯的每一部分都铺平整。

于是,在 1993 年 12 月 4 日,怀尔斯只得发出一个电子邮件,说明错误所在,并承诺在次年 2 月将给出详细说明。但过了 6 个月,仍杳无消息。此时,已很少有人对怀尔斯抱有信心。

正在此时,突然,署名为普林斯顿大学数论家亨利·达蒙的电子邮件说,有人宣布已经找到了一个反例,可推出费马大定理是不对的,它涉及到一个大于 $10^{20}$ 的素数。对于怀尔斯来说,这个反例无疑是个极大的打击。这使他想到导致他最终失败的原因,原来是费马大定理本身是不对的。这对数学界的打击更大,因为这也是谷山-志村猜想的一个反例。它在数论界的破坏力极大,使得很多以谷山-志村猜想的正确性为假设的证明全部无效。

令人啼笑皆非的是,这份电子邮件竟然是发自 4 月 1 日愚人节的一个恶作剧。

在整个夏季,怀尔斯和他的学生泰勒没有取得进展,他准备再坚持一个月后公开承认失败,宣布放弃,并公开他的证明。

看来怀尔斯与这个世界难题的搏斗注定要以失败告终。他已为此孤军奋斗了 8 年多,其中酸甜苦辣,只有他妻子知道详情。他决定在 9 月份作最后一次努力,要弄清所以会失败的原因。

1994 年 9 月 19 日的早晨,他正在检查着一个方法,希望从中能捞到救命稻草。突然,他有了一个难以置信的发现:两个单独使用都不能完全奏效的方法,结合起来就会完美地互相补足,因而能完全奏效。

这是怀尔斯永远不会忘记的充满灵感的瞬间。事后回忆起那个时刻,他仍激动得泪水夺眶而出:"它真是无法形容的美!它又是多么简单和明确。我怎么会没有发现它?!"他又仔细地确证一下。当被确证无误时,他实在兴奋极了!

这不仅圆了怀尔斯童年时代立志要使世界震惊的梦想,而且也使 8 年的潜心努力终于得到了回报,特别是结束了长达 14 个月的痛苦、羞辱和沮丧的一段时光。他终于可在妻子内达生日的那晚,把已完成的手稿交给她,作为她的最最喜欢的生日礼物。

**四、完美证明的伟大贡献**

经过 30 多年的拼搏,经受无比的艰辛、痛苦、羞辱和沮丧,几起几落,甚至在长达 7 年的漫长岁月中,过着几乎与外界隔绝的隐士生活,怀尔斯终于在 1995 年 5 月,他奇迹般地证明了费马的猜测是正确的。

怀尔斯不但圆了童年时的梦,而且奏响了人类智力活动的一曲凯歌。他创造了全新的数学技术,使数论发生了革命性的变化。他成为 20 世纪的一个沉默寡言的最有天才的数学家。

数学家们并未忽视这个完美的证明的重要意义:

"用数学的术语来说,这个最终的证明可与原子分裂或发现

DNA 的结构相比。"

"对费马大定理的证明是人类智力活动的一曲凯歌,同时,不能忽视的事实是它一下子使数论发生了革命性的变化。"

"这个证明是现代数学的完美综合,并将对未来产生影响。"

"它有一种重要的、心理上的影响,那就是现在人们已有能力着手处理以前不敢研究的其他的一些问题。"

人们普遍认为怀尔斯汇集了20世纪数论中所有的突破性工作,并把它们融合成一个万能的证明。他创造了全新的数学技术,并把它们和传统的技术以人们从未考虑过的方式结合起来。更为重要的是,怀尔斯的成功使更宏伟的《朗兰兹纲领》跨出了重要的第一步。

随之而来的当然是荣誉和奖励:

(1) 在 1996 年 3 月,怀尔斯和朗兰兹两位分享了 10 万美元的沃尔夫奖。这是被称为"数学诺贝尔奖"的数学界的最高奖。它是 1976 年设立的。奖金的提供者是以色列裔的德国化学工业家里斯特·沃尔夫(Rest Wolf, 1887—1981),分设物理、化学、医学、农业、数学 5 种,1981 年增设艺术奖。每年一次(可空缺),奖金总额是 1 000 万美元。

(2) 在 1997 年 6 月 27 日,怀尔斯收到了 5 万美元(原定的 10 万马克早已贬值)的沃尔夫斯凯尔奖金。奖金提供者保罗·沃尔夫斯凯尔(Pual. Wolfskehl)是一位德国的实业家。他特别关注证明费马大定理的进展情况,鼓励人们去攻克这个富有挑战性的问题。直到 1908 年他去世时,人们才发现在他的新遗嘱中,已经把他的财产中的一大部分作为奖金,奖给能证明费马大定理的人。奖金是 10 万马克。令人颇感费解的是,明文规定奖金只授予第一个证明费马大定理是正确的人。那就是说,如果有人证明费马大定理是错误的,那么奖金分文不给!

(3) 1924 年,加拿大数学家菲尔兹(J. C. Fields, 1863—1932)在多伦多国际数学家大会上倡议,将学术会议剩余经费作为基金,设立一个世界性数学科学奖,以弥补诺贝尔奖中唯独没有数学奖这一缺陷。1932年,菲尔兹病故,苏黎世国际数学家会议上做出决议,国际数学联盟(International Mathematical Union,IMU)每4年举行一次国际数学家大会(International Congress of Mathematicians,ICM),颁发菲尔兹奖,奖给有杰出成就但年龄不超过40岁的人。

因为怀尔斯此时年已42岁,因此他本人无缘获得菲尔兹奖。但在1998年在柏林召开的国际数学家大会上,破例向他颁发菲尔兹特别奖。菲尔兹奖是一枚金质奖章和1 500美元。

(4) 怀尔斯于2005年获邵逸夫数学科学奖(东方诺贝尔奖),奖金100万美元。他已于2000年被封为爵士。

(5) 2016年5月,怀尔斯从挪威王储哈康手中领取阿贝尔奖和50万英镑。

除此以外,他还曾经获得罗尔夫·朔克奖、奥斯特洛夫斯基奖、英国皇家学会奖奖章和美国国家科学院数学奖。

复旦大学数学科学学院　徐诚浩

# 哥德巴赫猜想

在20世纪六七十年代,陈景润这个名字几乎无人不晓!原因就是他证明了"1+2"。但是他到底证明了什么,几乎是人人不知。难怪有人大批"臭老九":"有人拿了国家的工资不为人民服务,却去研究1+2,连小学生都知道1+2=3啊!"对此,稍微懂些数论知识的人,都忍不住哑然失笑!其实,陈景润是在研究哥德巴赫猜想时,取得了震惊世界的成果!

常听人说:数学是科学的皇冠,"数论"是皇冠上的明珠,而"数论"中的哥德巴赫猜想则是皇冠上的一颗最灿烂的明珠。为了讲清楚哥德巴赫猜想,需要解释一些数学名词。

所谓"数论"就是专门研究整数的数学理论。说大于1的自然数(正整数)$p$是素数(质数)指的是,能除得尽$p$的自然数只有1和$p$两个,也就是说,$p = p \times 1$是唯一(自然数)分解式。大于1的不是素数的自然数称为合数。1是仅有的既不是素数又不是合数的数。2是唯一的偶素数,大于2的素数必是奇数。

与提出哥德巴赫猜想有关的人物有两个:瑞士数学家欧拉(L. Euler,1707—1783)和普鲁士数学家哥德巴赫(C. Goldbach,1690—1764)。

1742年6月7日,哥德巴赫在给欧拉的信中提出了一个猜想:

"任何不小于 6 的偶数都可写成两个奇素数之和"。例如：
$$6=3+3,\ 16=3+13,\ 24=11+13,$$
$$36=17+19,\ 48=7+41,\cdots$$

这个猜想是否正确，迄今仍不知道。

早期的数学家们都是针对具体的数去论证猜想是正确的。有人算到了 330 000 000(3.3 亿)，证明都是正确的。

到了 1912 年，德国数论大师兰道(E. G. H. Landau，1877—1938)在国际数学家大会上提出："这个问题仅用近代的数学工具来解决是绝不可能的。"

1921 年，英国数学家哈代(G. H. Hardy，1877—1947)说："哥德巴赫猜想的困难程度可以和任何没有解决的数学问题相比。"

在 1938 年，28 岁的华罗庚证明了"几乎所有的偶数都能写成两个奇素数之和"。于是，仅需研究那些"例外数"，但却不能判别哪些是"例外数"。

对于哥德巴赫猜想，数学家们从两个不同的途径逼近原问题。

第一个途径是证明："一个大偶数可写成 $k$ 个奇素数之和"。设法逐渐减小 $k$ 的值，最终希望能达到 $k=2$。1956 年，我国的尹文霖证明了 $k\leqslant 18$。1977 年，我国的潘承彪大大简化了前苏联的数论权威维纳格拉朵夫在 1937 年证明的 $k\leqslant 4$。从此，止步不前了。

第二个途径是证明："任何一个大偶数都可写成 $n+m$，其中 $n$ 和 $m$ 分别是 $k$ 个和 $l$ 个素数的乘积。"我们把它简写成"$k+l$"。设法逐渐减小 $k$ 和 $l$ 的值，最终希望能达到"$1+1$"。

1955 年，中国 25 岁的王元证明了"3+4"，居世界领先地位。接着，他进一步依次证明了"3+3"、"2+3"和"1+4"。

1965 年，苏联及意大利的数学家分别证明了"1+3"。

到目前为止，最好的结果是我国已故数学家陈景润(1933—

1996)在 1966 年 5 月得到的(当时在《科学通报》上发表摘要,1973 年发表修正稿),在国际上被称为"陈氏定理"。他证明了:"任何一个充分大的偶数 $N$ 都可写成

$$N = p_1 + p_2 \text{ 或者 } N = p_1 + p_2 \times p_3,$$

其中,$p_1$,$p_2$ 和 $p_3$ 都是素数。"就是说他证明了"1+2",具体地说,他证明了:"任何一个充分大的偶数 $N$ 都可写成两个素数之和或者写成一个素数与两个素数乘积之和。"这才是"1+2"的含义!

从陈景润的"1+2"到哥德巴赫的"1+1",将是非常艰难的一步,也许又要过几十年甚至几百年!这将取决于何时能发现新的有效的数学理论、工具和方法。

解决数学难题的意义决不仅仅限于"探索未知",更重要的是发现新的数学方法和理论,推进整个数学的发展。

陈景润,1933 年生于福建福州。1950 年,因为交不起学费,高中二年级时,即以同等学力考入厦门大学数学系。全系只有 4 个大学生,倒有 4 个教授和一个助教。1953 年陈景润从厦门大学毕业,被分配到北京四中当中学教师。他对中学教师这一工作很不适应。此时,他已患有肺结核和腹膜结核症。这一年内,他住医院 6 次,做了 3 次手术。1954 年,厦门大学校长王亚南将陈景润调回厦大数学系资料室当资料员。陈景润自学华罗庚的《堆垒素数论》和《数论导引》。他将自己的第一篇论文送到华罗庚处,结果在 1957 年他被调到中国科学院数学所工作。1980 年,他当选为中国科学院学部委员(即现在的中国科学院院士),并结婚成家;1996 年 3 月 19 日,陈景润因患有帕金森氏综合征长期住院,抢救无效逝世,终年 63 岁。

在他的母校厦门大学设立了他的铜像,在北京万佛华侨公墓内,他的墓碑被设计成两个大理石铸成的数字:前面是白色的"1",后面是红色的"2"。根据他的妻子由昆的解释,白色表示"一生清白",红色表示"爱国红心"。(见图 1 和图 2)

图1　陈伟、陈景润和由昆

图2　陈景润墓

复旦大学数学科学学院　徐诚浩

# 公钥密码学简介

## 一、密码学简介

密码学的根本目的是让通信双方在不安全的信道上进行可靠而秘密的通信。通常称发送方为 Alice，而接收方为 Bob。尽管通信的内容会在不安全的信道上被窃听者 Eve 截取，但通信双方希望它的真实含义不被窃听者所明白或破解。显然，不安全的信道在生活中随处可见，比如常见的书信往来、电话或者互联网，等等。发送方发送给接收方的内容，我们称为明文，顾名思义，就是直接可以明白的文字内容，例如，按照某种自然语言体系（比如中文、英文或者其他语言）写就的内容、数据或者符号等。为了不让窃听者 Eve 理解通信的内容，发送方 Alice 和接收方 Bob 需要使用某种密码系统保证信息传输的安全。

假设密码系统的加密算法为 $E$（英文单词加密 encrypt 的开头字母），可以把它看作二元函数 $E(x, y)$。Alice 将明文 $m$ 和预先分配给她的加密密钥 $e_K$ 作为加密算法的输入，得到输出值 $c$，通常称 $c$ 为密文。我们用数学的语言表述如下：

$$c = E(e_K, m)。$$

当接收方 Bob 收到密文 $c$ 后,把它和预先分配给他的解密密钥 $d_K$ 作为解密算法 $D$(英文单词解密 decrypt 的开头字母)的输入,得到 Alice 发送给他的内容 $m$。用数学语言表述如下:

$$m = D(d_K, c)。$$

类似地,把 $D$ 看作包含有两个自变量的解密函数,而 $d_K$ 和 $c$ 是自变量。不严格地说,我们可以将加密过程 $E(e_K, *)$ 和解密过程 $D(d_K, *)$ 看作一对互逆的运算。

对于窃听者 Eve 来说,他能在不安全的信道上窃听到密文 $c$,但只要密码系统设计得足够安全,他便无从得知所对应的明文 $m$。而对于接收者 Bob,因为他拥有预先分配的密钥 $d_K$,从而可以很快知道明文 $m$ 的信息。图 1 描述了整个加密和解密的过程。

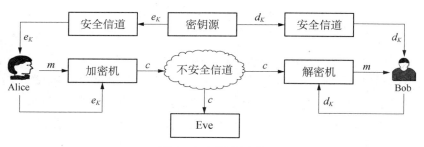

图 1　加密通信过程

我们把上述过程用数学语言抽象为密码体制的定义。一个密码体制是满足如下条件的五元组 $(P, C, K, E, D)$:

(1) $P$ 表示所有明文 $m$ 构成的集合,也叫明文空间;

(2) $C$ 表示所有密文 $c$ 构成的集合,也叫密文空间;

(3) $K$ 表示所有可能的加密和解密密钥对 $(e_K, d_K)$ 所构成的密钥集合,也叫密钥空间;

(4) 加密算法 $E$ 和解密算法 $D$ 都是二元函数,使得从每对加密和解密密钥 $(e_K, d_K) \in K$ 确定出的加密函数 $E(e_K, *): P \to C$ 和解密函数 $D(d_K, *): C \to P$ 满足 $D(d_K, E(e_K, m)) = m$ 对任意明文 $m \in P$ 成立。

值得注意的是,在上述定义中,加密函数 $E(e_K, *): P \to C$ 必须是一个单射函数,否则对同一个密文 $c$ 无法找到对应的唯一明文 $m$,从而给解密造成麻烦。

根据加密和解密密钥的不同关系可以给出经典的私钥密码体制(又叫对称密码体制)和公钥密码体制(又叫非对称密码体制)的定义。如果密码体制中加密密钥 $e_K$ 等于解密密钥 $d_K$,或者加密密钥与解密密钥存在一个简单的推导关系(显然,此时两份密钥都不可泄露给窃听者 Eve),那么就称该密码体制为私钥密码体制。下面我们给一个简单的移位密码体制作为私钥密码体制的例子,传说古罗马的凯撒大帝就曾使用这种方式来加密军事信函。

移位密码体制:令 $P = C = K = \mathbb{Z}_{26} = \mathbb{Z}/26\mathbb{Z}$,令 $e_K = d_K = 3$,对任意的 $m$ 和 $c \in \mathbb{Z}_{26}$,定义加密函数 $E(e_K, m) = m + e_K = m + 3 \pmod{26}$ 和解密函数 $D(d_K, c) = c - d_K = c - 3 \pmod{26}$。我们建立英文字母和整数模 26 的剩余类之间的一一对应关系:即 $A$(或 $a$) 对应 0,$B$(或者 $b$) 对应 1,依此类推,$Z$(或者 $z$) 对应 25,将此对应列于表 1 中。

**表 1　字母和数字的对应**

| A | B | C | D | E | F | G | H | I | J | K | L | M |
|---|---|---|---|---|---|---|---|---|---|---|---|---|
| 0 | 1 | 2 | 3 | 4 | 5 | 6 | 7 | 8 | 9 | 10 | 11 | 12 |
| N | O | P | Q | R | S | T | U | V | W | X | Y | Z |
| 13 | 14 | 15 | 16 | 17 | 18 | 19 | 20 | 21 | 22 | 23 | 24 | 25 |

假设要加密的明文(在本例中我们忽略标点和空格)为 as a man

sows so he shall reap. 我们把所有明文中的字母对应到相应的整数，列于表 2 中。

表 2  明文中的字母与数字的对应

| a | s | a | m | a | n | s | o | w | s | s | o |
|---|---|---|---|---|---|---|---|---|---|---|---|
| 0 | 18 | 0 | 12 | 0 | 13 | 18 | 14 | 22 | 18 | 18 | 14 |
| h | e | s | h | a | l | l | r | e | a | p | |
| 7 | 4 | 18 | 7 | 0 | 11 | 11 | 17 | 4 | 0 | 15 | |

得到对应的数字串后，将每个数字与 3 相加，所得到的和再取模 26（注意在此例子中，因为所有和值都小于 26，所以取模和不取模的结果相同），最后将其转换对应为相应的字母串，列于表 3 中。

表 3  原始数字转换后对应的字母

| 原始数字 | 0 | 18 | 0 | 12 | 0 | 13 | 18 | 14 | 22 | 18 | 18 | 14 |
|---|---|---|---|---|---|---|---|---|---|---|---|---|
| 加 3 模 26 | 3 | 21 | 3 | 15 | 3 | 16 | 21 | 17 | 25 | 21 | 21 | 17 |
| 密文字母 | D | V | D | P | D | Q | V | R | Z | V | V | R |
| 原始数字 | 7 | 4 | 18 | 7 | 0 | 11 | 11 | 17 | 4 | 0 | 15 | |
| 加 3 模 26 | 10 | 7 | 21 | 10 | 3 | 14 | 14 | 20 | 7 | 3 | 18 | |
| 密文字母 | K | H | V | K | D | O | O | U | H | D | S | |

最终的密文为：DVDPDQVRZVVRKHVKDOOUHDS。如果接收方 Bob 需要对其解密，只需要执行上面过程的逆过程即可。

在使用对称加密体制的环境下，当发送方和接收方想要建立秘密联系时，他们需要拥有本质上一样的密钥，由密钥管理中心分配给他们。当需要秘密通信的对象越来越多时，密钥管理会成为限制加密交流灵活性的主要因素。一般来说，如果有 $n$ 个对象需要秘密通信，那么至少需要 $n(n-1)/2$ 个密钥才能保证他们互相秘密通信。

可见，对称加密系统有两个明显的缺点：第一，需要用非常安全的方式来传递密钥,并且因为加密和解密双方拥有的密钥本质上一样,故而任一方都能伪造密文并宣称是对方发来的,换句话说,无法确定密文真正的发送方。第二,反复使用同一密钥可能会让敌手拥有足够的加密数据从而破解这个加密系统。另外,为了限制共享密钥的群体数量,通常密钥共享只发生在群体中两两之间,这也为密钥管理带来了额外的挑战。

## 二、公钥密码体制

如果密码体制中加密密钥 $e_K$ 可以随意公开,且与解密密钥 $d_K$ 不存在简单的推导关系(显然不可相等),那么就称该密码体制为公钥密码体制。对公钥密码体制的研究称为公钥密码学。

公钥密码体制的核心思想由 Diffie 和 Hellman 两位科学家在 1976 年的论文《密码学新方向》(即 *New Directions in Cryptography*)中提出的。在公钥密码系统中,任何参与方都有两把"钥匙",一把是允许公开且被自由分享的加密密钥,而另一把是不被外人所知的私钥,被用来进行解密。虽然公钥和私钥确实存在相互决定的关系,但从公钥去得到私钥是一件从计算能力上并不可行的事情。尽管在论文发表时,Diffie 和 Hellman 还没有给出一个具体的公钥加密体制,但该论文还提出了著名的密钥协商思想,即基于有限域上求解离散对数的困难问题,任何通信的双方都可以协商出只有彼此知道的密钥。

Diffie 和 Hellman 因为他们在信息安全领域的杰出工作而于 2015 年获得计算机科学领域的最高荣誉图灵奖。该奖由美国计算机协会(Association for Computing Machinery,ACM)在 1966 年设立,专门奖励那些对计算机事业作出伟大贡献的个人。它的名称取自计算机科学的先驱、英国科学家阿兰·麦席森·图灵(A. M. Turing Award,1912—1954)。由于图灵奖对获奖条件要求极高,评奖程序又极严,一般每年只颁给一名计算机科学家,只有极少数年度有两名合作者或在同一方向作出贡献的科学家共享此奖,因此它又被称为"计算机界的诺贝尔奖"。

在 1978 年由 Rivest、Shamir 和 Adleman 3 名科学家提出著名的 RSA 公钥密码体制,并申请了 20 年的专利。RSA 正是这 3 位科学家姓氏的首字母,并且 Rivest 和 Shamir 也因为这一重要工作获得 2002 年的图灵奖。RSA 算法是当前在互联网传输、银行以及信用卡产业中被广泛使用的安全通信算法,而 RSA 密码体制的安全性基于分解大整数的困难性。

值得一提的是,公钥密码学的出现,把数学中最古老也是最纯粹的重要分支——数论引进了应用科学领域。有"数学王子"美称的德国数学大师高斯(Johann Carl Friedrich Gauss,1777—1855)非常钟爱数论,曾说:数学是科学的皇后,而数论是数学的王冠。由于整数的性质复杂深刻,难以琢磨,数论长期以来被认为是优美而纯粹的数学分支。英国数论大师哈代(Godfrey Harold Hardy,1877—1947)就宣言,数论是一门与现实无关的纯粹数学学科。然而,随着科学技术发展到现在,数论也已成为非常重要的应用数学分支,并已在诸如物理、化学、计算科学、电子通信和信息安全等领域产生广泛而深入的应用。

### 三、RSA 公钥密码体制

在 Diffie 和 Hellman 提出公钥密码体制的思想之后,美国麻省理工学院的 3 名科学家 Rivest、Shamir 和 Adleman 提出了基于大整数分解困难性的公钥密码体制,也就是后来广泛流传的 RSA 公钥密码体制,又叫 RSA 算法。它具有诸如原理简单和易被编程实现等优点,因此获得广泛应用。下面我们将分 3 步来阐述该算法:系统参数设置、加密过程和解密过程。

步骤一:系统参数设置

加密系统设计者选择两个不同且保证系统足够安全的素数 $p$ 和 $q$,并令 $n = pq$。这里,有必要对什么是足够安全做出不严格的解释:

即攻击者已知 $n$ 之后,也无法很快找到 $n$ 的两个素因子 $p$ 和 $q$。一般来说,$p$ 和 $q$ 选得越大,分解 $n$ 就可能越难。目前来说,要使得系统安全,$n$ 至少要有 2 048 比特,即 $n$ 至少是 $2^{2\,048}$ 这么大的整数,而 $p$ 和 $q$ 一般至少要为一千多比特的素数,才能抵抗现实中的计算攻击。

假设加密空间 $P$ 和解密空间 $C$ 都为 $\mathbb{Z}_n = \{0, 1, 2, \cdots, n-1\}$,即模 $n$ 的所有剩余类的集合。我们将举个数值较小的例子来说明整个算法。值得说明的是整个例子我们都是借助于计算机完成的。

定义密钥空间为 $K = \{(e, d) \in \mathbb{Z} \times \mathbb{Z} : ed \equiv 1 (\mathrm{mod}\, \varphi(n))\}$,其中符号 mod 表示取模,或者说求剩余值,比如 $15 \equiv 3 (\mathrm{mod}\, 12)$ 表示 15 模 12 所得到的剩余值为 3。下面我们再解释一下符号 $\varphi(n)$,有兴趣的读者可以从初等数论的书籍找到,它叫做欧拉(Euler)函数。$\varphi(n)$ 表示从 1 到 $n$ 中与 $n$ 互素的正整数的个数。比如,假设 $n=5$,那么从 1 到 5 中与 5 互素的正整数是 1,2,3 和 4,从而 $\varphi(5) = 4$。特别地,$\varphi(pq) = (p-1)(q-1)$ 对任何两个不同的素数 $p$ 和 $q$ 成立。

系统设计者将公开数值 $n$ 和 $e$ 作为公钥,而把 $d$ 作为私钥,并秘密保存数值 $p$ 和 $q$ 以产生更多其他密钥。解密方只需通过安全的途径获得私钥 $d$,就能解密任何通过公钥 $n$ 和 $e$ 加密的信息。

**例 1** 取 $p = 719, q = 907$,那么 $n = 652\,133$,且 $\varphi(n) = 718 \times 906 = 650\,508$。我们设置 $e = 17, d = 420\,917$。我们公开 $n = 652\,133$ 和加密密钥 $e = 17$,而通过安全的途径把解密密钥 $d = 420\,917$ 告诉执行解密的接收方 Bob。完成这些系统参数设置之后,加密和解密过程就可以开始了。

步骤二:加密过程

发送方 Alice 选择要加密的消息 $m$,通过计算 $c = E(e, m) \equiv m^e (\mathrm{mod}\, n)$ 来得到密文 $c$。

**例 1(续)** 发送方 Alice 选择明文 $m = 3\,344$,计算 $c \equiv m^e \equiv 3\,344^{17} (\mathrm{mod}\, 652\,133)$ 得到对应的密文为 $c = 250\,502$,然后,通过不安

全的信道把密文 $c$ 发送给接收方 Bob。

步骤三：解密过程

接收方 Bob 获得密文 $c$ 之后，计算 $m = D(d, c) \equiv c^d \pmod{n}$。

**例 1（续）** 在本例中，Bob 将分别代入 $c = 250\,502$，$d = 420\,917$。计算 $m \equiv c^d \equiv 250\,502^{420\,917} \pmod{652\,133}$，从而得到初始的明文 $m = 3\,344$。

RSA 公钥密码体制的安全性依赖于以下事实：第一，已知 $n$，$e$ 和 $c$ 的值，从 $c \equiv m^e \bmod n$ 来反向求解数值 $m$ 是困难的；第二，给定 $n$ 为两个足够大的素数的乘积，分解 $n$ 进而获得 $\varphi(n)$ 是困难的。

值得一提的是，在这里我们仅仅给出 RSA 算法的基本原理。该密码体制还有很多地方可以深入探究，比如，如何选择足够安全的大素数 $p$ 和 $q$？如何选择密钥 $e$ 和 $d$（这里需要用扩展的欧几里得(Euclid)算法）？如何高效实现 RSA 算法的加密和解密过程(本质上这里要用著名的平方乘算法)？等等，限于篇幅我们不再展开讨论。接下来我们将证明该算法的正确性，即加密和解密过程互为逆运算。

## 四、RSA 算法的正确性

在这个小节，我们将论证 RSA 的加密和解密过程是正确的，即对任意满足 $1 \leqslant m < n$ 的整数 $m$，都有等式 $m^{ed} \equiv m \pmod{n}$ 成立。由于 $ed \equiv 1 \pmod{\varphi(n)}$，存在某个整数 $t$，使得 $ed = 1 + t\varphi(n)$。于是，我们要验证 $m^{1+t\varphi(n)} \equiv m \pmod{n}$。下面我们分两种情况来证明它。

情形一：假设 $m$ 与 $n$ 互素。（实际上 $\varphi(n) = (p-1)(q-1)$ 恰好是从 $1$ 到 $n$ 中与 $n$ 互素的整数 $m$ 的个数。）此时，由欧拉定理（费马(Fermat) 小定理的推广），$m^{\varphi(n)} \equiv 1 \pmod{n}$，于是 $m^{ed} \equiv m^{1+t\varphi(n)} \equiv m(m^{\varphi(n)})^t \equiv m \pmod{n}$。

情形二：假设 $m$ 与 $n = pq$ 不互素，那么 $m$ 必是 $p$ 或者 $q$ 的倍数。不失一般性，我们不妨假设 $m = hp$，其中 $h$ 为小于 $q$ 的正整数。由于 $q$ 是素数，显然 $h$ 和 $q$ 互素，而 $p$ 也和 $q$ 互素，从而 $m$ 必然和 $q$ 互素。利用费马小定理,我们有 $m^{q-1} \equiv 1 \pmod{q}$。从而 $m^{ad} \equiv m(m^{(q-1)})^{t(p-1)} \equiv m \pmod{q}$。于是,存在整数 $s$,使得 $m^{ad} - m = sq$。因为 $sq$ 被 $m = hp$ 整除,且 $p$ 和 $q$ 互素,所以 $s$ 可被 $p$ 整除。从而 $m^{ad} - m$ 被 $n = pq$ 整除,即 $m^{ad} \equiv m \pmod{n}$。

## 五、总结

最早讨论公钥密码学的公开文献由 Diffie 和 Hellman 在 1976 年所给出。但其实有当时尚未解密的论文早已论述了该思想。比如,在 1997 年英国政府通信司令部解密了 5 篇学术论文,其中一篇于 1970 年 1 月由 Ellis 所提出的《非秘密加密的可能性》已经阐述了公钥密码的思想。在这 5 篇论文中,还有一篇由 Cocks 在 1973 年撰写的《关于非秘密加密的注释》,其中所给出的公钥密码体制与 RSA 算法一模一样。

限于篇幅,我们在这里仅仅介绍一些公钥密码学的入门知识,还有很多其他关于公钥密码学的内容没有说明。比如,公钥密码学中的数字签名,本质上是利用计算机实现了如下过程:签名者利用某种不公开的信息完成某种特定的计算,在计算过程中又能不泄漏该信息。一个数字签名的实例就是将 RSA 的加密过程"逆"过来使用:签名者用私钥处理需要签名的信息,而阅读者再用公钥处理它,如果得到正确的明文,就确认信息是由私钥的所有者发出。此外,还有其他几种著名的公钥加密体制,比如 ElGamal 密码体制和椭圆曲线密码体制等,理解它们需要更多初等数论、抽象代数和代数曲线等数学知识,故而本文没有涉及,感兴趣的读者可以从参考文献中查阅和学习。

**参考文献**

1. D. R. Stinson. 冯登国等译. 密码学原理与实践(第三版). 北京:电子工业出版社,2009

2. 潘承洞,潘承彪. 初等数论. 北京：北京大学出版社,1992
3. D. Boneh. Twenty years of attacks on the RSA cryptosystem. *Notices of the American Mathematical Society*, 1999,46: 203-213
4. W. Diffie and M. E. Hellman. New directions in cryptography. *IEEE Transactions on Information Theory*, 1976,22: 644-654
5. R. L. Rivest, A. Shamir, and L. Adleman. A method for obtaining digital signatures and public key cryptosystems. *Communications of the ACM*, 1978,21: 120-126

中山大学数学学院　赵昌安　范　翔　姚正安

# 关于圆周率的一些故事

如果您问一个初中生：圆周率等于多少？他很快就会回答：π＝3.141 6。其实，他并不知道什么是圆周率，更不知道这个数字是怎么求出来的，这个数字精确不精确？它有什么用处？

**一、关于圆周率的"奇闻"**

关于圆周率，还有很多真实的"奇闻"。

（1）在一次全国性的歌手比赛大会上，主持人出了一个知识性题目："谁最早发明了圆周率？"那些歌手都回答不出，最后，主持人无奈地给出答案："祖冲之"。从题目到答案都是错误！圆周率是客观存在的，只能发现，不能发明；而且在祖冲之之前早就有很多研究了。

（2）1999 年 1 月 17 日，年仅 17 岁的加拿大少年伯熙瓦，宣布证明了 π 是有理数（就是两个整数之比）。理由是他发现了圆周率 π 的小数表示式中有零（他认为这就能说明 π 是有理数，因为相除后余数是零表示正好除尽）。对此，中外媒体还大量报道。事实上，π 是一个永远写不完的无限不循环小数，可是它的小数表示式中却有很多零（例如，第 32 位小数就是零）。还有，1999 年报道：某个美国大学生说"π 是循环小数"，这当然也是荒唐的。

(3) 早在 1888 年,美国印第安纳州乡村医生古德曼,声称"上帝亲自传授圆周率的计算方法",他发现一个数学真理:π=3.2,而且还将其发表在美国数学学会的官方刊物《美国数学月刊》上。1897 年 1 月 18 日,该州下议会提议把它作为第 246 号法案。到 2 月 5 日,该州众议院竟毫无异议地(67 比 0)一致通过此议案。幸亏有位数学教授偶然发现此事,在最后几分钟终止了这场闹剧。在 2 月 12 日,该州上议会投票,竟然被迫做出"无限期搁置讨论"的决议,据说久久没有解冻。

(4) 2002 年 10 月 22 日,我国西部某报报道:"一位只有小学文化程度的农民,历时 50 余年,算出 π=3.141 594 323 489 432 03,他改进且超过了祖冲之的结果。"对此,专家们竟然也难定对错。(实际上,它大错特错!)

这些例子说明,圆周率决不是一个很初等的、人人皆知的小常识。实际上,圆周率是历史最悠久、内容最神秘、问题最迷人、应用最广泛、研究无止境的(仅有的)数学常数。它有研究不完的问题,自古至今,以至很远的未来,吸引无数大数学家和计算机家愿意为之奋斗终身!

在几千年之前,人们就认识到任意一个圆的圆周长与它的直径之比是一个固定的常数。后人把这个比例常数称为圆周率,用希腊字母 π 表示。圆周率的数值与圆的大小无关。半径为 $r$ 的圆周的周长为 $2\pi r$,圆面积为 $\pi r^2$。圆周率 π 就是单位圆的面积。长、短两轴分别为 $a$ 和 $b$ 的椭圆的面积为 $\pi ab$。半径为 $r$ 的球体体积为 $\frac{4}{3}\pi r^3$,表面积为 $4\pi r^2$。180°角相等于 π 弧度。π 也可定义为满足 $\sin x = 0$ 的最小正实数 $x$。

英国数学家琼斯(W. Jones,1675—1749)在 1706 年首次提出用希腊字母 π 表示圆周率。(取自"圆周"的希腊文 περφεια 的第一个字母。)

1737年，大数学家欧拉也用 π 表示圆周率。他还给出最美丽的数学公式：

$$e^{i\pi}+1=0, i=\sqrt{-1},$$

此公式以最简洁的方法连接 5 个最重要的常数 0，1，e，i，π。

从 18 世纪起，π 成了不同国籍的人都能看得懂的专用数学符号。

## 二、我国数学家的研究贡献

圆周率的计算精度一直标志着数学家的才能和数学与计算技术发展的水平。在这一方面，我国数学家的贡献已被公认为世界上最早的和最了不起的。

### 1. 古率 π≈3

在公元前 4 世纪（战国时期），我国的《周髀算经》中就有"周三径一"的记载。它是说"一个圆的周长是它的直径的 3 倍"。这表示周长（$2\pi r$）与直径（$2r$）之比 π＝3。

我国早就有木工口诀："周三径一，方五斜七。""方五斜七"是说"边长为 5 的正方形的对角线长为 7"。（正确地说应该是 $\sqrt{5^2+5^2}=\sqrt{50}>7$。）

有趣的是，几乎所有的文明古国都独立地有关于 π＝3 的记载。在《旧约圣经》的《列王记》的第 7 章 23 段中记载：为所罗门王铸造一个铜海（盛水的圆柱形大容器），"高五肘，径十肘，围三十肘"。（一肘大约 0.5 米长。此铜海高 2.5 米，直径 5 米。）这说明，当时西方也认为"圆周长是它的直径的 3 倍"，就是 π＝3。

### 2. 歆率 π≈3.154 7

刘歆（约公元前 50—23）是中国数学史上研究圆周率的第一人，也是打破 π＝3 的第一人。他制造的律嘉量斛是一种青铜容器，可以分别量出斛(hu)、斗、升、合(ge)和龠(yue)5种容量。其原件是稀世珍宝,现在台北故宫博物院。清乾隆九年(1744年)的仿制品现在在北京故宫博物院。根据律嘉量斛的铭文,可以计算出,他用的圆周率是 $\pi \approx 3.1547$。

### 3. 徽率和祖率

我们知道,在一个圆内可以作内接正三角形、正四边形、正五边形、正六边形……(所谓"内接"指的是正多边形的所有顶点都在圆周上),等等。很容易想象,当正多边形的边数无限增加时,正多边形的边长总和就无限接近圆周长,正多边形的面积就无限接近圆面积。这个发现是圆周率发展史上极其伟大的丰碑!

我国三国时代魏国的著名数学家刘徽(约225—295),用圆内接正多边形面积逼近圆面积的方法求 $\pi$ 的近似值,并把这种方法称为割圆术。对此,刘徽说:"割之弥细,所失弥少,割之又割,以至于不可割,则与圆周合体,而无所失矣!"

他用这个割圆术,取多边形的边数 $n = 96$ 和 $n = 192$,求出了 $\pi$ 的范围:

$$3.141024 < \pi < 3.142704,$$

并且求出近似值 $\pi \approx 3.14$。再利用边数 $n = 3072$ 求出近似值 $\pi \approx 3.1416$(精确到小数点后3位),称为徽率。

到了公元460年,我国南朝的科学家祖冲之(429—500),他仍采用刘徽的割圆术,算出边数为 $n_1 = 12288 = 6 \times 2^{11}$ 和 $n_2 = 24576 = 6 \times 2^{12}$ 的正多边形的边长为

$$\sqrt{2 - \sqrt{2 + \sqrt{2 + \cdots \sqrt{2 + \sqrt{3}}}}},$$

它们分别有12和13重根号。据此,算出 $3.1415926 < \pi < 3.1415927$,称为祖率。祖冲之成为世界上第一个把圆周率计算准确到小数点后第七位的人。他的这个纪录保持了1200多年!

大家知道,我国在宋朝才开始有算盘。在此以前的计算工具是由小竹棍、小木条或小骨条制成的"算筹"。他们都是趴在地上摆弄很多算筹才计算出 π 的近似值的。这多么令人惊叹!

刘徽的割圆术的杰出贡献是,他已有了极限的思想(这比欧洲丢番图的逼近论早一千多年)。

### 三、外国数学家的贡献

如何求出 π 的值?自古至今,有无数的人在研究它、计算它,已延续了四千多年,成为数学史上最长的、没有终点的马拉松计算。

荷兰数学家鲁道夫(Ludolph van Ceulen,1540—1610)花了一生心血,计算出

π ≈ 3.141 592 653 589 793 238 462 643 383 279 502 88(小数点后 35 位)。

他在某一天的晚上把它写在纸上,第二天早上人们发现他时他已经死了!按他本人生前的要求,在他逝世后,人们在莱顿这个地方给他立了一个奇特的墓碑,那上面没有赞美的颂歌和生平介绍,只有他求出的 π 的这个值。

1873 年,又一个以身殉 π 的英国数学家威廉·山克斯(William Shanks,1812—1882),他用台式计算机,将 π 计算到小数点后 707 位,也把它刻在墓碑上。可是在 73 年以后,人们用电子计算机计算才发现,该数在小数点后 528 位开始出错,于是他 30 年的心血多半付诸东流。

关于 π 值的计算实际上是一场计算方法和计算工具发明和发展的竞赛。新的计算方法和新的计算工具必然会加快 π 值的计算速度和增加 π 的表示位数。

1949 年 6 月,美国数学家列维·史密斯(Levi Smith)创造了人工计算 π 的最高纪录:计算到小数点后 1 121 位。

用计算机计算使得圆周率的计算得到了革命性的发展。2008

年,日本东京大学信息基础中心的金田康正计算到小数点后 25 779 亿位,创造了吉尼斯世界纪录。

据 2010 年 1 月 10 日报道,法国某软件工程师已算到小数点后 27 000 亿位。用时 131 天,至少占用了 137 GB 的硬盘容量,传输或下载需要 10 天时间。若每秒读一个数字,至少需要 49 000 年。

当然,竞赛还在继续。

### 四、背诵 π 的趣闻

对于圆周率的记忆背诵竞赛的评价,各抒己见,褒贬不一。国际上已将背 π 作为检测和训练人的记忆广度和速度的最好方法之一,是检验机械记忆的最好标准。

中国第一位背到小数点后 100 位的,可能是我国土木工程学家茅以升(1896—1989)。他是在 19 岁上大学二年级时,在校办新年联欢晚会上背出来的。他在 80 岁高龄时,在中国科普创作协会全国代表大会上又把 π 背诵到小数点后 100 位。(他背了 60 年!)还有,华罗庚先生也能背出小数点后 100 位。

1997 年 3 月 3 日之前,中国未成年人的最高背诵纪录是背到 1 400 多位;成年人的最高背诵纪录是背到 11 000 多位。

2004 年 3 月 14 日,英国人塔曼特,在 5 小时内背诵到 22 514 位。他在欧洲是第一。当时,排在世界第一是马来西亚某大学生,他在 15 小时内背诵到 67 053 位。

2006 年 10 月 3 日,日本人原可证背诵到十万位(创世界纪录)。

不过,利用"谐音"记忆法,您也可以很轻松地背到小数点后 22 位:

$$\pi \approx 3.141\ 592\ 653\ 589\ 793\ 238\ 462\ 6。$$

为此,您只要记住以下故事:在山顶上有一个寺院,院内有一个老和尚,他整天只知道喝酒,却逼着一帮小和尚们天天背枯燥无味的 π 的值。为了发泄心中怨气,其中一个小和尚背道:"山顶一寺一壶酒(3.141 59,把老和尚称为一壶酒),尔乐苦煞吾(26 535),把酒吃(897),酒杀尔(932),杀不死,乐而乐(384 626)"。

### 五、计算 π 的意义

π 是有理数还是无理数?是代数数(整系数代数方程的根)还是超越数?它的值是什么?如何求出它的值?自古至今,有无数的人在研究它、计算它,已延续了四千多年,成为数学史上最长的没有终点的马拉松计算。

计算高位数的 π,绝不是一种数学游戏,也不是仅仅为了"虚荣心"和"出于好奇"的比赛。当然,仅仅就实用需要的计算精度而言,高位数的 π 值的确是毫无实用价值的。可是,在以下方面,它有着十分重大的意义。

**1. 能产生很多其他数学成果**

设法寻找计算量少、精确度高的圆周率计算公式,可促进数学理论的发展。

例如,陈省身先生说:以下这个公式实在太美妙了!

$$\frac{\pi}{4} = 1 - \frac{1}{3} + \frac{1}{5} - \frac{1}{7} + \frac{1}{9} - \frac{1}{11} + \frac{1}{13} - \frac{1}{15} + \frac{1}{17} - \cdots。$$

根据祖冲之求出的两个近似值:3.141 592 6 及 3.141 592 7,取它们的算术平均值 3.141 592 65 作为 π 的近似值,将它化为连分数

$$3.141\ 592\ 65$$
$$= \frac{314\ 159\ 265}{100\ 000\ 000}$$
$$= 3 + \frac{1}{7} + \frac{1}{15} + \frac{1}{1} + \frac{1}{288} + \frac{1}{1} + \frac{1}{2} + \frac{1}{1} + \frac{1}{3} + \frac{1}{1} + \frac{1}{7} + \frac{1}{4}。$$

取它的第一个渐近分数 $a_0 = 3$,这相当于《周髀算经》中所说的

"径一周三"。取以下两个偏大的渐近分数：

$$a_1 = 3 + \frac{1}{7} = \frac{22}{7} \approx 3.142\,857\,143,$$

$$a_3 = 3 + \frac{1}{7} + \frac{1}{15} + \frac{1}{1} = \frac{355}{113} \approx 3.141\,592\,920,$$

就是祖冲之发现的圆周率的约率和密率。

**2. 大大促进了计算技术的发展**

能否准确算出位数越来越多的 $\pi$ 值，常常用来检验计算机的可靠性、精确性、运算速度和计算容量。同时，能创造出更新、更有效的计算方法和公式。金田康正说过："挑战圆周率计算纪录对于检验计算机的性能和改进计算方法十分有益。""奥妙无比的圆周率，如今已成为电脑的热身工具。""对电脑而言，最大的挑战就是计算圆周率，它就像给电脑做心电图。"所以，圆周率的研究与计算机的发展是相辅相成、相得益彰的。

复旦大学数学科学学院　徐诚浩

# 函数根号 $t$ 的物理模型及四维时空

我们最熟悉的函数是多项式，$u=f(x)$ 是 $x$ 的一些次方的线性组合。它描述了从 $x$ 所在的空间到 $u$ 所在的空间的一个变换，简单地说把 $x$ 变换成了 $u$。人们经常把 $x$ 所在的空间画成一条横线，称为 $x$ 轴，而把 $u$ 所在的空间画成与之垂直的竖线，称为 $u$ 轴。这样，函数 $u=f(x)$ 在 $(x,u)$ 平面，就可以画成一条曲线。对于任意给定的一个 $x$ 值，利用曲线就可以找到并确定与之对应的 $u$ 的值。那么把 $x$ 换成时间 $t$ 呢？当然也行，表示了对每个时刻 $t$ 有一个 $u$（譬如讲 $u$ 是高度）与之对应。向前扔一颗石子，在旁边用录像把它拍下来，那么，我们得到的是 $u=f(x)$ 的图像。如果我们在每个时刻记录 $u$ 的高度，那就是 $u=f(t)$ 了。但这幅图我们不能真正地画出来，只能用空间的 $x$ 轴代替时间轴 $t$。因为时间 $t$ 是看不见的，在实空间中我们可以感觉有时间 $t$，但时间毕竟不在三维空间。对于纯粹数学，记号 $u=f(x)$ 与 $u=f(t)$ 没有什么不同，特别当函数是多项式时，那只是自变量的记号不同，$(x,u)$ 与 $(t,u)$ 这两个空间是完全同构的。但是对于应用数学，那就是完全不同的函数了。

我们先来分析函数——根号 $x$。这是空间到空间的变换，是可以画出来的。不过与多项式不同，它不是单值函数。它有两个分支，一个是根号 $x$，一个是负根号 $x$。在应用中，人们一般根据实际情况决定,取其中的一个分支,认为只有其中的一个值是真的。还有个问题,当 $x<0$ 时,就没有解了,或者说解成了虚数,画不出来了。根号 $x$ 的定义域在我们生活的实空间里只能在 $x>0$,或者说在实空间。当 $x<0$ 时,我们看不到它的值,也可以说看不到它的图像、行为、表现。通常的处理办法是将定义域限制在 $x>0$,不去讨论当 $x<0$ 时的状况,眼不见为净。那么,根号 $t$ 呢?我们知道时间是有序的,有前后的,有因果。在 $t<0$ 时,时间还在流淌,我们不能假装看不见。虽然真的我们什么都没有看见,但我们已经感觉到了它的存在。根据守恒律,$u$ 不应该在 $t=0$ 时凭空出现,$t<0$ 时 $u$ 也应该是有内容的,即使我们没有看见。否则,当 $t>0$ 时,$u$ 的那些内容是从哪里来的?不就成了凭空地没有"因"而出现了一些"果"了吗?$u$ 等于根号 $t$ 是否可能在 $t=0$ 时,有一些内容从虚空间转到了实空间里来了呢?这是一个很好的利用数学探知我们看不到的虚空间的例子及切入点。我们希望知道,根号 $t$ 究竟有些什么物理意义。

首先还是来看实解。当 $t>0$ 时就有两个解。一种解释是,此时,譬如原子开始了分裂,零点之前是中性的,不带电荷。之后分成了两个粒子,一个粒子的正电荷越来越多,呈根号 $t$ 随着时间增长,那么一定有另一个粒子负电荷越来越多,呈负的根号 $t$ 随着时间增长。这个模型是在实空间可以实现的,我们可以看到,也通过了大量的实验验证了。当然,根号 $t$ 也画出了这个物理现象。

可能还有另外一种现象是不能或者不容易观察得到的,如果我们看到了某种物质产生或者消失了,那么,按照上面正负电荷的原理,可能就有反物质也同时出现或者与之结合抵消了。也就是说,对于我们看见的新产生的正质量的物质,函数有负值的可能解释是反物质,是质量为负的物质,只是我们看不见。

我们可以看见的东西非常有限,事实上,连正质量的物质我们也不能全都看见,我们只能看见比光子大的物质,质量非常小时被称为暗物质,通俗地讲,光都照不上去,或者说,光子打上去都不会发生反弹、反射，因此我们就看不见了。但有时我们可以感觉出来，譬如，光的路径、速度发生了异常的变化。那么，我们可能也可以算出来："那里，有一个什么样的东西存在。"历史上海王星、冥王星的发现，也是利用了这样的原理。

对于 $t>0$，负的根号 $t$ 也是根号 $t$ 这个图像的延伸，数学上称为解析延拓。这两条曲线（两个分支）在拼接的地方是无限次连续的。我们可以用反函数来理解，这个图像的反函数是一个两次多项式 $t$ 等于 $u$ 的平方，一条抛物线，是无限次可导的。

不关心因果关系的研究终究不是真正的科学，我们还是希望了解根号 $t$，当 $t<0$ 时的情况。也就是想回答根号 $t$ 这个现象，作为'果'，是怎么来的，其'因'是什么？从数学角度来讲，希望对根号 $t$ 这个图像进行反向延伸（延拓），也就是要知道根号 $t$，在 $t<0$ 时的值。简单地讲，我们要在 $t<0$ 画一条曲线，与根号 $t$ 拼接起来，并且做出物理解释。

一种是负的根号负 $t$，图像比较光滑，但也只有一阶连续，也就是切线是共享的，但弯曲方向或者说曲率是不连续的。这个现象在我们用高速摄影机观察一颗水珠掉进水面时可以近似得到。水珠接触水面时速度变慢，但最后又会被抛回出水面（见

真没想到，小小的水滴有如此大的学问

图 1　降落的水珠接触水面时的速度

图 1）。这个水珠的速度函数就可以用在 $t<0$ 时为负的根号负 $t$、在 $t>0$ 时是根号 $t$ 的函数呈现了。

还有一种是根号负 $t$，或者说函数是根号绝对值 $t$，向前扔一颗完全反弹的球，走出的路径看上去就好像是用这样的函数描述的。但好像并不严密。根号绝对值 $t$，在 $t$ 接近 0 时向前的速度也消失了。

根据惯性定理，这个球没法越过 0 点。

真正的延伸应该是解析延拓。那就是我们熟知的，根号负 1 等于 i，虚数。当 $t<0$ 时，根号 $t$ 的值应该是一个虚数！这就涉及黎曼（Riemann）几何了。我们生活的空间称为四维时空，牛顿（Newton）时，用 $(x, y, z, t)$ 表示。很多物理定律就是关于某种物理现象在这个四维时空中的关系的描述。爱因斯坦（Albert Einstein，1879—1955）发现，这个空间 $(x, y, z, t)$ 没法给出一个合理的度量，也就是说距离没有物理意义。这个空间中不能放进一把尺子来量距离。因为关于空间与时间的量纲分别是"千米"和"秒"，是不同的，我们不能造一把尺子，一会儿它的长度是千米，一会儿它的长度是秒，甚至既是千米又是秒。为了解决这个问题，爱因斯坦把坐标 $t$ 改成了 $ct$。其中 $c$ 是光速，这样四维时空 $(x, y, z, ct)$ 中就有了度量距离的尺子了。都是用空间的长度度量譬如"千米"来描述，因为时间乘以光速以后的量纲与长度的量纲一样了，都是"千米"了。据此爱因斯坦就写了一篇里程碑式的文章，叫做《相对论》，这个时空中的距离是两个事件之间的距离。爱因斯坦觉得还是有点问题，有些拿不定、吃不准。我们通常认为时间是有前后、有因果的，而狭义相对论的四维空间 $(x, y, z, ct)$ 并不能体现这一点。那些了解了一些狭义相对论的人们经常会问的一个问题就是：速度为什么不可以超过光速，只要超过光速了，我们就可以回到过去或者穿越到未来。这个问题带来了许多穿越的故事、小说、电影。而爱因斯坦不走科幻路线，就去与数学家闵科夫斯基（Hermann Minkowski，1864—1909）讨论。闵科夫斯基仔细想了这个问题以后，告诉爱因斯坦：因为时间毕竟不是实的，你应该把 $ct$ 改成 $ict$。而把 $ict$ 看成一个实数。这样爱因斯坦又写了一篇划时代的文章，叫做《广义相对论》。

人们通常是以自我为中心的，我的空间是实空间，我看不见的空间是虚的。在我的空间里，距离的平方应该大于零。那么，是不是在有些空间里，距离的平方是负的呢？在闵科夫斯基四维时空里，把 $ict$

看成实数,那么这个空间的距离的平方是"$x$ 平方加 $y$ 平方加 $z$ 平方减 $ct$ 的平方"。这个值称为洛伦兹(Lorentz)度量或者称为洛伦兹不变量。这个量在闵科夫斯基四维时空是坐标变换或者说洛伦兹变换不变的,但是通常是负的。如果我们就要求这个值始终小于零,也就是认为这个空间距离的平方就是负的,那么等价于(或者说在这个前提下可以证明)速度小于光速。我们可以这样证明:如果 $x$ 方向的速度是 $l$, $y$ 方向的速度是 $m$, $z$ 方向的速度是 $n$, 从零点走到 $(x, y, z)$ 关于时间的描述是 $(lt, mt, nt)$。那么根据洛伦兹度量,就有"$l$ 平方加 $m$ 平方加 $n$ 平方减光速 $c$ 的平方"小于零。或者说速度小于光速。这样也就导出了时间是有因果的。如果一开始我们就谦虚一点,把自己在的空间看成是虚的,即构造 $(ix, iy, iz, ct)$ 空间,并把每个分量都看成是实的,那么这个四维的实欧几里得(Euclid)空间等价于闵科夫斯基四维时空,在这个四维空间里两个点(表示两个事件,根据爱因斯坦的观点)的距离的平方大于零,就等价于速度小于光速,在这个空间里现在可以看到过去,但却回不到过去;而在过去无法看到现在,但却可能可以活到现在。这就是时间的因果关系,理由就是:在这个空间两个事件的距离的平方应该大于零。

当然,我们还是不习惯住在虚空间里。爱因斯坦用 $U=F(x, y, z, ict)$ 描述事件,表示了在 $(x, y, z)$ 这个地点,时刻 $t$ 时,事件的状态值。关于空间积分,得到 $u = f(t)$, 这可以是某生物种群规模的描述,譬如,这个时候全世界有多少这种类型的鸟。这应该是一个复函数。而我们可以看到的只是这个复函数在实空间的体现。这时,当 $u$ 是由多项式或者说用解析函数表示时,那是牛顿所考虑的世界的函数表示。这时,由过去可以知道将来,同时,由将来也可以知道过去。用哲学的语言来说,这是机械唯物主义。用数学来解释:只要在任何一点用泰勒(Taylor)或者说解析展开,就可以知道函数或者说世界的任何时刻的样子。当然,这也导致了"决定性论",世界的发展是早就已经决定了的。如果 $u$ 等于根号 $t$ 呢? 当 $t$ 小于零时,我们看不见，它的值在一个我们看不到的虚空间里。而我们可以看到的是它在实空间里的表示：在零点有一个新的事件发生了。譬如讲，一个新的生物种群产生了。

在这个思想指导下，我们能够证明：可以利用现在的信息，知道过去在什么时刻发生了什么事件，什么时刻发生了基因突变，产生了新的生物种群。反过来，我们也可以知道某个生物种群的自然消亡的预期，但是我们不能获得将来什么时刻还会发生新的基因突变，产生一个什么样的新的生物种群。因为新种群的现时信息还在虚空间里，我们还没有想出办法来采集获得。

最后要再次强调的是：在闵可夫斯基四维时空的概念下，多项式不能描述事件的发展过程，因为这样的描述，时间上是可以回到过去的。而可能截断的分数次多项式是一个更合理的离散化表示的选择。更为精确地，事件的发展过程，较合理的是用"关于函数 $f(s)$ 与根号 $(t-s)$ 取正的积分"表示，这是黎曼-刘维尔（Riemann-Lisuville）分数次导数的表示。这样，在每时每刻都发生了一些事件 $f(t)$，并且时间过了也就过了，再也回不去了。

**参考文献**

1. 吴宗敏. 关于分数次导数的几点注记. 中国科学（数学分册），纪念李大潜先生80华诞专辑，2017

复旦大学数学科学学院　吴宗敏

# 回文数与角谷猜想

数论看起来包含了数学的大部分罗曼史
　　　　　——[英国]路易斯·莫德尔(Lewis Mordell)

## 一、花环数或回文数

赏花归去马如飞，
去马如飞酒力微；
酒力微醒时已暮，
醒时已暮赏花归。

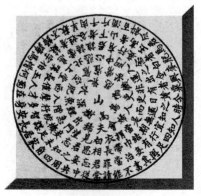

图1　古代的文字游戏

12世纪的一个夏日，大诗人苏东坡陪妹妹游杭州西湖时写下了这首回文诗。"回文"是指正读反读都能读通的句子，它是古今中外都有的一种修辞方式和文字游戏(见图1)，例如，"我为人人，人人为我"。在英文里也有回文，

"Race car","Step on no pets","Put it up","Was it a car or a cat I saw?""A man, a plan, a canal, Panama!"又如西班牙文里有"Amor Roma"。

有趣的是,数学里也有一种叫回文数的游戏。

大约在公元 850 年,印度数学家马哈维拉(Mahavira)撰写了《计算精华》一书,该书曾在南印度被广泛使用。1912 年,这部书被译成英文在马德拉斯出版,成为印度第一部初具现代形式的教科书。书中提到了"花环数",即将两整数相乘,使其乘积的数呈中心对称,此即"回文数"。马哈维拉找到了一些回文数,例如

$$14\,287\,143 \times 7 = 100\,010\,001,$$
$$12\,345\,679 \times 9 = 111\,111\,111,$$
$$27\,994\,681 \times 441 = 12\,345\,654\,321。$$

之所以称花环数,估计与印度人爱花,同时花环是无头无尾且对称有关(见图 2)。英文里叫 palindromic number,阿拉伯人称其为谢赫拉莎德数,即以《一千零一夜》里那位会讲故事的王妃命名。事实上,1 001 本身便是一个花环数。

图 2　印度姑娘

方幂数里也有许多花环数,例如 $11^2 = 121$,$7^3 = 343$,$11^4 = 14\,641$,迄今为止。人们尚未找到 5 次或更高次幂的回文数,于是有了下列尚未证明的猜想。

**猜想**　不存在形如 $n^k (n \geqslant 2, k \geqslant 5)$ 的回文数。

值得一提的是,四位和六位回文数有一个特点,它决不可能是素数。例如,设其为 $abba$,它等于 $1\,000a + 100b + 10b + a = 1\,001a +$

110$b$，能被 11 整除。

一个回文数，如果它同时还是某个数的平方，就叫做平方回文数。在 1 000 以内的正整数里，有 108 个回文数，而平方回文数只有 6 个，即 1，4，9，121，484，676；考虑到 1 000 以内的平方数只有 31 个，因此比例相对较高。有些数，通过不断与它的倒序数相加，也可得到回文数。例如，29＋92＝121；194＋491＝685，586＋685＝1 271，1 271＋1 721＝2 992。于是，就有了以下问题。

**问题**　是否任何一个正整数与它的倒序数相加，所得的和再与和的倒序数相加，……如此反复，经过有限次步骤后，最后必定可以得到一个回文数？

必须指出，有些数至今仍未发现有此类特征，例如 196。在电子计算机尚未问世的 1938 年，美国数学家拉赫曼（D. Lehmer，1905—1991）便已计算到了第 73 步。2006 年，已计算到 699 万步，得到了一个 2.89 亿位的和数。2015 年，这个和数达到了 10 亿位，仍不是回文数。也就是说，人们既不能肯定运算下去是否永远得不到回文数，也不知道需要再运算多少步才能得到回文数。

永远不得得回文数的正整数被称为"利克瑞尔数"（Lychrel number），196 可能是最小的利克瑞尔数，因而受到了特别的关注。说起这个名字，它的来历也蛮有趣，是发明者 Wade van Landingham 姓氏的第一个字母 L 与他当时的女友 Cheryl 字母的拼贴。

不难看出，假如 196 或其他数是利克瑞尔数，那么它后面的那些和数都是。也就是说，只要有一个利克瑞尔数，就有无穷个利克瑞尔数。另外，还有一个关于"回文数"计算步数的世界纪录。它是一个 19 位数字 1 186 060 307 891 929 990，算出它的"回文数"用了 261 步，这是在 2005 年 11 月 30 日找到的。

## 二、无厘头的冰雹倾泻

自然数里包含着无穷无尽的奥秘。将近一个世纪以前，美国出生的英国数学家莫德尔在一篇随笔中这样写道：

> 数论是无与伦比的，因为整数和各式各样的结论，因为美丽和论证的丰富性。数论看起来包含了数学的大部分罗曼史。如同高斯给索菲·热尔曼的信中所写的，"这类纯粹的研究只对那些有勇气探究她的人才会展现最魅人的魔力"。

或许有一天，全世界的黄金和钻石会被挖掘殆尽，可是数论，却是取之不竭的珍宝。上面我们给出了回文数的性质以及利克瑞尔数存在的可能性，下面我们要讨论的角谷猜想也有类似情况，是否存在一个回不到1的反例呢？事情得从一则新闻报道说起。

1976年的一天，《华盛顿邮报》头版头条报道了一条新闻。此报道讲述的是一则与数学有关的故事：

20世纪70年代中期，美国诸多名牌大学校园内，人们都像发疯一般，夜以继日，废寝忘食地玩弄一种数学游戏。这个游戏十分简单：任意写出一个自然数 $n$，按照以下的规律进行变换：

如果是个奇数，则下一步变成 $3n+1$；
如果是个偶数，则下一步变成 $n/2$。

例如，$3 \to 10 \to 5 \to 16 \to 8 \to 4 \to 2 \to 1$；$7 \to 22 \to 11 \to 34 \to 17 \to 52 \to 26 \to 13 \to 40 \to 20 \to 10 \to 5 \to 16 \to 8 \to 4 \to 2 \to 1$。

不单单是学生，甚至连教授、实验员都纷纷加入，无论是数学专业还是非数学专业。为什么这种游戏的魅力如此引人入胜？因为人们发现，无论 $n$ 是怎样一个数字，最终都无法逃脱回到谷底1。准确地说，是无法逃出落入底部的 4-2-1 循环，永远也逃不出这样的宿命。

这就是著名的"冰雹猜想"。它的最大魅力在于不可预知性。当代最活跃的数学家、英国剑桥大学教授约翰·康威找到了一个自然数 27。虽然 27 貌不惊人,但如果按照上述方法进行运算,则它的上浮下沉异常剧烈:首先,27 要经过 77 步骤的变换到达顶峰值 9 232,然后又经过 34 步骤到达谷底值 1。

全部的变换过程(称作"雹程")需要 111 步,其峰值 9 232 是原有数字 27 的 342 倍多,如果以瀑布般的直线下落(2 的 $n$ 次方)来比较,则具有同样雹程的数字 $n$ 要达到 2 的 13 次方。而在 1 到 100 的范围内,27 以及 27 的 2 倍 54 的波动是最为剧烈的。

这个"冰雹问题"便是著名的 $3x+1$ 问题。1937 年,德国数学家柯拉兹(Calatg)考虑了下列数论函数:

$$f(x)=\begin{cases}\dfrac{x}{2}, \text{若 } x \text{ 是偶数;} \\ \dfrac{3x+1}{2}, \text{若 } x \text{ 是奇数。}\end{cases}$$

他猜想,对任意正整数 $x$,经过有限次迭代运算后,$f(x)$ 均归于 1,而迭代的次数被称为 $x$ 的停摆时间(stopping time)。这被称为柯拉兹猜想(见图 3)。

不过,也还有其他命名法,比如乌拉姆(Ulam)猜想、叙拉古问题,等等。大概因为在世界各地,许多人都提出过这个问题。在中国,它常常被称为角谷猜想,这是因为日本出生的美国数学家角谷静夫也曾提出这一猜想。角谷以提出并证明分析学中的角谷不动点定理(1941)闻名数学界,此定理后来被约翰•纳什(John F.

图 3 柯拉兹猜想示意

Nash)用来证明"纳什均衡定理",至今仍在经济学和博弈论中有着广泛应用。

值得一提的是,角谷静夫的女儿美智子是一位新闻记者,也是一位文学评论家,获得过普利策奖(1998)。美智子如今是《纽约时报》的首席书评家,她曾多次就阅读问题提问奥巴马总统,包括对中国科幻小说《三体》的看法,并邀请他给女儿开出书单。前者曾引爆美国读者对《三体》的热情关注,后者是总统卸任前最后一次接受《纽约时报》采访。也许是有了数论美的熏陶,角谷才有了评论家的女儿美智子。

### 三、角谷猜想的推广

虽然有人验算了 $x$ 不超过 $3\times 2^{50}$ 猜想均成立,但至今无人能够证明或否定它。匈牙利数学家埃尔德什(P. Erdös,1913—1996)甚至认为,用现有的数学方法无法完全证明角谷猜想。即便考虑类似 $qx+1$ 问题($q$ 为大于3的奇数)或 $3x-1$ 问题这样的推广,也被认为没有可能性。换句话说,猜想的自然推广并不存在。做出此断言的,正是那位发现 $x=27$ 处有冰雹现象的康韦(J. Conway,1937—)。

近年来,作者在与浙西南淳安县山区中学老师徐胜利的通信中,做了一些新的探索和尝试。我们首先注意到,当 $x$ 是奇数时,$3x+1$ 必是偶数,下一步应是 $(3x+1)/2$。因此,我们可以把问题转化为下列等价的数论函数:

$$g(x) = \begin{cases} \dfrac{x}{2}, & \text{若 } x \text{ 是偶数;} \\ \left[\dfrac{3}{2}x\right]+1, & \text{若 } x \text{ 是奇数。} \end{cases}$$

这里 $[x]$ 是不超过 $x$ 的最大整数,或曰 $x$ 的整数部分(也有人称它为高斯函数),此处 $x$ 可取任意实数,例如,$[e]=2$,$[-\pi]=-4$。函数 $f(x)$ 与 $g(x)$ 之所以等价是因为,假设 $x=2s+1$,则 $\left[\dfrac{3x}{2}\right]+1=$

$$\left[\frac{6s+3}{2}\right]+1=3s+2=\frac{3x+1}{2}。$$

有了上述等价定义以后,我们便可将角谷猜想予以推广。

我们仅以相应的 $3x-1$ 问题做出说明,已知它无法一致归于 1。事实上,用无数个正整数都会落入下列两个循环之一,即 $\{5,7,10\}$ 和 $\{17,25,37,55,82,41,61,91,136,68,34\}$。可是,我们可以先把 $3x-1$ 问题变成下列等价形式:

$$h(x)=\begin{cases}\dfrac{x}{2},若 x 是偶数;\\ \left[\dfrac{3}{2}x\right],若 x 是奇数。\end{cases}$$

而如果定义:

$$i(x)=\begin{cases}\dfrac{x}{2},若 x 是偶数;\\ \left[\dfrac{4}{3}x\right],若 x 是奇数,\end{cases}$$

则仍可以让任何正整数归于 1(已在 $x \leqslant 10^{12}$ 范围内验证)。

对于原汁原味的 $3x+1$ 问题,也有以下推广,这是中国驻柬埔寨某国际组织的数学爱好者沈利兴在阅读拙作《数之书》后的想法,他利用计算机做了验证,然后发给了我。设 $k$ 是任意非负整数,考虑函数

$$f_k(x)=\begin{cases}\dfrac{x}{2},若 x 是偶数;\\ \dfrac{3x+3^k}{2},若 x 是奇数。\end{cases}$$

图 4

沈利兴猜测,对于任意正整数 $x$,经过有限次迭代运算后,$f_k(x)$ 均归于 $3^k$。特别地,当 $k=0$ 时,此即 $3x+1$ 问题。

浙江大学数学科学学院　蔡天新

# 快乐地学习优美的数学

如果我说:"数学是优美好玩的,学习数学是快乐的享受。"一定会有不少人把头摇得像拨浪鼓似的,甚至于斥之为"胡说八道"。有一位走上工作岗位不久的大学生对我说:"数学老师骗我们说'数学很重要',要我们好好学习,其实一点都用不上!"当时,听到这话的确使我大吃一惊,怎么会这样啊?后来仔细一想,感到问题严重了,这是有代表性的普遍现象的反应。作为一位毕生的数学工作者,我觉得有责任、有义务,通过各种途径、利用各种机会,与青少年朋友交流、沟通,把事情讲清楚。

我想讲以下 3 个观点,供读者参考。

## 一、数学有没有用

首先要弄清楚:说数学有用,并不一定是指具体的公式、定理有用;知识与智慧和能力是不同的。

老师布置了一个难题,您根据已知条件,运用已有的知识,经过思索和演绎得到了一个漂亮的结果,您一定会很快乐、兴奋,享受着成功的喜悦。再经过进一步分析、归纳和总结,以后碰到了相仿的问题,就会举一反三、触类旁通,于是增加了智慧、提高了能力。您能说用到的这些知识无用吗?

粗略地说,智慧是知识的结晶,能力是知识的效用,它们都以知识为基础。智慧和能力不是凭空而来的,需要知识的积累和大脑的思考。这对于任何学科都是如此,但是数学有其特殊性。数学的特点是:抽象的思维方法、严密的逻辑推理和谨慎的计算过程。要经受数学训练、装备数学头脑、提高数学修养,这将非常有利于学好其他学科和从事于所有工作,因为数学是其他一切科学的基础。可以说,这是数学的特殊功能,是其他学科所不能替代的。为什么历年来,数学系的毕业生特别受到金融部门和计算技术单位的青睐,这就是根本原因。我不相信:如果没有经过数学思想、方法的训练,就能够在这些单位工作如此得心应手、游刃有余!当然,智慧和能力还需要在实践中不断地提高。

关于数学的重要性,早就有著名论断。例如,英国哲学家培根(F. Bacon, 1561—1626)就说过:"知识就是力量。数学是打开科学大门的钥匙。"马克思说过:"一门科学只有当它达到能够成功地运用数学时,才能真正发展了。"意大利画家、数学家达·芬奇(L. da Vinci, 1452—1519)明确指出:"任何人的研究,没有经过数学的证明,就不能认为是真正的科学。"

所以可以说:数学是检验科学的重要标准。

## 二、"恐数症"是一种心理障碍

人们对于数学普遍存在着一些误解,不同程度地患了"恐数症",他们对数学往往是"望而生畏、望而却步、避而远之"。实际上,数学并不是一串枯燥乏味的数字符号、难以理解的概念堆积和故弄玄虚的杂技魔术,更不是有人主观臆造出来的无根无基的空中楼阁。数学源于实际,运用人类的智慧和努力,经过理论精炼和升华,在更高层次上指导实际,并有所发明创造。

对于数学,只有喜欢它、热爱它,才能理解它、掌握它、应用它和发展它。

称赞数学优美的名言很多。1955年,华罗庚先生在《和同学们谈谈学习数学》一文中说:"数学本身,也有无穷的美妙。认为数学枯燥,没有艺术性,这看法是不正确的,就像站在花园外面,说花园枯燥无味一样。只要踏入了大门,你们随时会发现数学有许许多多趣味的东西。"这就是说,只有走进花园,才能欣赏到美丽景象;只有走进数学,才能品味数学和理解数学,感悟数学思想与方法,感受数学文化的魅力和效力,进一步开阔视野、启迪心智。

英国数学家哈代(G. H. Hardy, 1877—1947)说:"美是数学的首要标准,丑陋的数学不可能永世长存。""数学家的模式,就像画家和诗人的一样,必须是美的;数学概念同油彩或语言文字一样,必须非常协调。"

必须强调的是,在数学教育上,应坚持贯彻"快乐数学"理念,而且应该从中、小学抓起。

2002年8月,在北京举行国际数学家大会期间,91岁高龄的陈省身先生为少年儿童题词:"数学好玩"。他在青少年时就认为数学好玩,终生乐此不疲,终究玩成了世界一流的数学大师。

由科学出版社出版的、由我国有突出贡献的科普作家张景中教授主编的《好玩的数学》丛书(普及版),引导读者在好玩的数学世界中尽情畅游,确实令人着迷、乐而忘返,原来数学竟是如此的有趣!

在20世纪中叶,华罗庚等一大批老数学家,为青年学生编写了一套《数学小丛书》;由高等教育出版社出版的、由李大潜院士主编的《数学文化小丛书》,从2007年开始,已经陆续发行了30余册;现在,中学生数学《英才计划》系列丛书,从2015年开始,也与大家见面了。这些都是为弘扬和普及数学文化所做出的努力。

无须讳言,快乐并不是轻松;好玩并不是游戏。学数学的确是很苦的,是"黄连树下弹琵琶——苦中作乐"。因此,数学系的学生往往很羡慕文科学生,有那么多的课后空余时间。但是有耕耘必有收获,只有在因为努力付出而得到成果后,才会感到特别的快乐,才能享受成功的喜悦。人生的意义就在于奋斗！正如华罗庚先生所说："埋头苦干是第一，发白才知智叟呆，勤能补拙是良训，一分辛苦一分才。"

### 三、走进数学必须了解历史

整个数学的发展史是和人类文明的发展史交融在一起的。数学不仅仅是有广泛应用的科学，更是光辉灿烂的文化。数学是人类文明的一个重要支柱。人类文明的提高，离不开科学的进步，也离不开数学的发展。

不少青少年对数学发展史，特别是对中国在数学方面的杰出贡献，知之甚少，讲不出多少具体内容，不同程度地患了"史盲症"。实际上，他们是很想知道一些历史的，经常去看一些有关专著，对其中有些感兴趣的问题也会研究一番。但这些书往往讲得过于专业和详细，而且趣味性和通俗性不够。上面提到的这些科普小丛书则很好地弥补了这个空白，应该多多阅读。

实际上，几千年来，在数学发展史上有无数个数学家的传奇故事和趣闻轶事，他们可歌可泣、令人钦佩；知难而进，坚持不懈；顽强斗争、勇于创新；……激励后人探索未知、发现真理、崇尚科学、倡导文明，为发展数学和推动人类文明的发展出力。

复旦大学数学科学学院　徐诚浩

# 连分数与历法

"历法"是大家熟悉的常用名词,它与我们日常生活是须臾不离、密切相关的。可以毫不夸张地说,历法与空气和水一样,是人类生活不可或缺的,是人人、事事都离不开的好伴侣。

当然,人类制定历法的依据是基于对于太阳、月球、地球等天体运行规律的认识。有史以来,人们一直通过观察天象变化而制定历法,并且随着对天体运行规律认识的加深,不断地修正历法。

为了认识和描述天体运行规律,天文学和数学这一对孪生兄弟就应运而生了,而且数学更在其中发挥了独特的作用。

在本文中,我们只举出一些例子,说明如何运用数学工具论证现行历法的精确程度。

大家知道,公历闰年的设置方法是:年数是 4 的倍数的年基本上是闰年,只是年数是 100 的倍数而不是 400 的倍数的年才不是闰年;农历设置闰年的方法基本上是"在每 19 年中插入 7 个闰年";日食和月食的发生是有规律可循的。问题是它们都是根据实际观察结果,经过分析、计算、综合、归纳后才制定的,那么,能不能运用数学工具来论证其精确度呢?

答案是肯定的,那就是连分数,它是一种特殊书写方式的有理数。

研究连分数的起源是为了求实数的越来越精确的近似值。举个简单的例子：求 $a = \dfrac{355}{113}$ 的一组越来越精确的近似值。

可依次作出如下带余除法：

$$355 = 3 \times 113 + 16,\ 113 = 7 \times 16 + 1,\ 16 = 1 \times 16 + 0,$$

把上述等式写成分式就是

$$\frac{355}{113} = 3 + \frac{16}{113},\ \frac{113}{16} = 7 + \frac{1}{16},\ \frac{16}{16} = 1 + 0,$$

也可把这些分式合并成一个连分数形式：

$$a = \frac{335}{113} = 3 + \cfrac{1}{7 + \cfrac{1}{15 + \cfrac{1}{1}}}。$$

为了节省篇幅，我们把上述连分数缩写成

$$a = \frac{335}{113} = 3 + \frac{1}{7} + \frac{1}{15} + \frac{1}{1},$$

其中，第一个写在中间的加号是分割数 $a$ 的整数部分和分数部分，其余的加号必须写在下面，表示是连分数分母中的加法。

这个连分数可以产生 3 个截断值（渐近分数）：

$$a_1 = 3 + \frac{1}{7} = \frac{22}{7} \approx 3.1428571,$$

$$a_2 = 3 + \frac{1}{7} + \frac{1}{15} = 3 + \cfrac{1}{7 + \cfrac{1}{15}} = 3 + \cfrac{1}{\cfrac{106}{15}}$$

$$= 3 + \frac{15}{106} = \frac{333}{106} \approx 3.141509434,$$

$$a_3 = a = \frac{355}{113} \approx 3.1415929。$$

我们发现一个重要事实：
$$a_2 < a < a_1,$$
而且 $a_2$ 比 $a_1$ 更加接近原值 $a$。

下面我们就来论证现行历法是相当精确的。

## 一、公历的闰年

我们知道地球绕太阳转一圈（回归年）是近似 365 天 5 小时 48 分 46 秒（即 365.242 2 天），而公历（格里历）的平年是 365 天。如果不加以调整，所产生的差值逐年积累，过了 800 年，就要在夏天过年了（$0.242\,2 \times 800 \approx 194$ 天）。因此必须要插入一些闰年，在每一个闰年中的 2 月规定为 29 天。那么，自然要问：应该规定哪些年是闰年呢？处置这些差值积累的方法如下。

把上述差值 5 小时 48 分 46 秒，化成多少天，再通过插入闰月的方法吸收这些积累差值。以每天 24 小时为分母，把误差 5 小时 48 分 46 秒写成分数形式是

$$a = \frac{5}{24} + \frac{48}{24 \times 60} + \frac{46}{24 \times 60 \times 60} = \frac{10\,463}{43\,200} \approx 0.242\,199\,1 (\text{天})。$$

用带余除法得到它的连分数表示式为

$$a = \frac{10\,463}{43\,200} = \frac{1}{4} + \frac{1}{7} + \frac{1}{1} + \frac{1}{3} + \frac{1}{5} + \frac{1}{64},$$

它的逐次渐近分数为

$$a_1 = \frac{1}{4} \approx 0.25,$$

$$a_2 = \frac{1}{4} + \frac{1}{7} = \frac{7}{29} \approx 0.241\,379\,3,$$

$$a_3 = \frac{1}{4} + \frac{1}{7} + \frac{1}{1} = \frac{8}{33} \approx 0.242\,424\,2,$$

$$a_4 = \cfrac{1}{4} + \cfrac{1}{7} + \cfrac{1}{1} + \cfrac{1}{3} = \frac{31}{128} \approx 0.2421875,$$

$$a_5 = \cfrac{1}{4} + \cfrac{1}{7} + \cfrac{1}{1} + \cfrac{1}{3} + \cfrac{1}{5} = \frac{163}{673} \approx 0.2421991。$$

发现的确有

$$a_4 < a_2 < a < a_1 < a_3 < a_5,$$

即它们从右到左两侧逐渐逼近原值 $a$。

由 $a_1 = \frac{1}{4}$ 知道,每隔 4 年应该增加 1 天,这就是"四年一闰"。不过这太粗糙了。由 $a_2 = \frac{7}{29}$ 知道,每隔 29 年加 7 天稍好一些,但是操作起来不太方便。由 $a_3 = \frac{8}{33}$ 知道,每隔 33 年加 8 天,即 99 年加 24 天更接近于实际。这说明 100 年(近似于 99 年)应该加 24 天而不应该加 25 天。这就是说应该"四年一闰,百年少一闰"。

由

$$a_3 = \frac{8}{33} \approx 0.2424242 > a$$

知,每隔 33 年加 8 天实际上是加得太多了。但如果始终是 100 年加 24 天,则由

$$\frac{24}{100} = 0.24 < a$$

又知是加得少了。我们计算一下,如果始终保持"百年二十四闰",那么过了 43 200 年,一共加了

$$432 \times 24 = 10\,368(天)。$$

可是,由

$$a = \frac{10\,463}{43\,200}$$

知,过了 43 200 年应该加 10 463 天,这就是说,少加了 95 天。这不行!于是又进一步修正为"四年一闰,百年少一闰,四百年加一闰"。

可是再计算一下,按这种规定,可算出在 43 200 年中,一共加了 10 476 天,又多加了 13 天,平均每 3 323 年多加了 1 天。如何调整(每隔 3 323 年去掉 1 个闰年),这还是让子孙后代去考虑吧!

由此可见,一方面,现行的历法是相当精确的,另一方面,还需要进一步修正。这一切都离不开数学!

## 二、农历的闰年

我国除了采用国际上通用的公历以外,同时还采用农历,它与农业安排上的节气和月球围绕地球旋转的时间密切相关。农历的一个月是"朔望月",它近似为 29.530 6 天。因为地球绕太阳一周是 365.242 2 天,所以一个公历年中应设置的"农历月"的个数为

$$\frac{365.242\,2}{29.530\,6} = 12 + \frac{10.875\,0}{29.530\,6}.$$

把它的小数部分记为

$$a = \frac{10.875\,0}{29.530\,6} \approx 0.368\,262\,1.$$

因此,为了吸收这种差值积累,必须在某些农历年中增加一个月,称该年为闰年,增加的那个月称为闰月。与公历不同的是,农历中的闰月未必是固定的月,而且增加的不是 1 天,而是 1 个月(29 天或 30 天)。为了确定闰年的设置数,还是要先求出 $a$ 的连分数表示式:

$$a = \cfrac{1}{2} + \cfrac{1}{1} + \cfrac{1}{2} + \cfrac{1}{1} + \cfrac{1}{1} + \cfrac{1}{16} + \cfrac{1}{1} + \cfrac{1}{5} + \cfrac{1}{2}$$
$$+ \cfrac{1}{6} + \cfrac{1}{2} + \cfrac{1}{2}.$$

它的逐次渐近分数为

$$a_1 = \frac{1}{2} = 0.5, \ a_2 = \frac{1}{3} \approx 0.333\,333\,3, \ a_3 = \frac{3}{8} \approx 0.375,$$

$$a_4 = \frac{4}{11} \approx 0.363\,636\,4,$$

$$a_5 = \frac{7}{19} \approx 0.368\,421\,1, \ a_6 = \frac{116}{315} \approx 0.368\,254,$$

$$a_7 = \frac{123}{334} \approx 0.368\,263\,5, \cdots$$

根据连分数的截断值的渐近逼近性知道,这些渐近分数依次说明:两年一闰太多,三年一闰太少,八年三闰太多,十一年四闰太少,十九年七闰太多,……但精度在逐渐提高。如果采用三百十五年一百十六闰,当然会更精确一些,但在具体制定时难度较大。现行的历法基本上是"十九年七闰"。在哪一年设闰月,设在哪一个月,则由有关部门根据节气设定。

### 三、农历的月大和月小

农历的一个月是朔望月,即 29.530 6 天。它与整数 29 天的差值为 0.530 6 天,如何处置? 为此,仍需求出差值 0.530 6 的连分数表示式:

$$a = \frac{5\,306}{10\,000} = \frac{1}{1} + \frac{1}{1} + \frac{1}{7} + \frac{1}{1} + \frac{1}{2} + \frac{1}{33} + \frac{1}{1} + \frac{1}{2}。$$

它的逐次渐近分数为

$$a_1 = 1, \ a_2 = \frac{1}{2} = 0.5, \ a_3 = \frac{8}{15} \approx 0.533\,333\,3,$$

$$a_4 = \frac{9}{17} \approx 0.529\,411\,8, \ a_5 = \frac{26}{49} \approx 0.530\,612\,2, \cdots$$

这些渐近分数说明,如果大月为 30 天,小月为 29 天,那么,最粗糙的是每两个月中一大一小；稍好一些是每十五个月中八大七小；再好一些是每十七个月中九大八小。由 $a_5$ 的数值知道：每 49 个月中设置 26 个大月和 23 个小月就相当精确了。现在用的基本上是在每个 17 年中插入 9 个闰月。闰年和闰月的具体设置,有很大的不确定性。

复旦大学数学科学学院　徐诚浩

# 浅谈素数的分布

素有"数学王子"之称的德国伟大数学家高斯（Johann Carl Friedrich Gauss，1777—1855）曾有名言：数学是科学的皇后，而数论是数学的皇冠。数论作为最古老的数学分支，随着数学的发展而不断演化，始终是数学的中流砥柱。通俗地说，所谓数论就是研究整数性质的理论。

历史上众多数学大师青睐数论的研究，例如，古希腊先哲欧几里得（Euclid 约公元前 300 年）在《几何原本》中给出了素数有无穷多个的严格证明；史上最多产的数学家欧拉（Leonhard Euler，1707—1783）喜欢计算新的素数，曾手工列出十万以内的素数表；"数学王子"高斯的名著《算术探索》主要研究整数的性质，被当时的数学家尊称为"七印封严之书"；直觉深邃且影响深远的德国数学大师黎曼（Georg Friedrich Bernhard Riemann，1826—1866）在考察素数分布问题时提出了黎曼猜想，它与数论以及众多数学分支都有深刻的联系。

今天故事的主角是素数。素数仿佛数论的灵魂，对素数的研究贯穿于数论的各个分支。如果把数论比作身体，那么素数就是气血，正是素数使得整个数论领域生机勃勃。

## 一、什么是素数

形如 $0, \pm 1, \pm 2, \cdots, \pm n, \cdots$ 这样的数叫做整数。我们说整数 $a$ 能被另外一个整数 $b$ 整除,意思是存在整数 $c$,使得等式 $a = b \cdot c$ 成立,此时我们也说 $b$ 和 $c$ 是 $a$ 的因子。比如,取 $a = 15$,由于 $15 = 3 \cdot 5$,我们说 15 能被 3 整除,而 3 是 15 的因子(当然 5 也是)。显然,整数 $a$ 总能被 1 和它自身整除,因为等式 $a = 1 \cdot a$ 总成立。所谓素数是指所有这样的正整数:除了 1 和它自身,不存在别的正整数能够整除它。另外,我们约定 1 不是素数。

素数为何重要?最主要有下面的定理。

**定理 1(算术基本定理)** 每个大于 1 的正整数 $n$ 都能唯一地分解为如下形式:

$$n = p_1^{\mathrm{ord}_{p_1}(n)} p_2^{\mathrm{ord}_{p_2}(n)} \cdots p_k^{\mathrm{ord}_{p_k}(n)},$$

这里,$p_1 < p_2 < \cdots < p_k$ 是一组素数,而 $\mathrm{ord}_{p_i}(n)$ 都是正整数(叫做素数 $p$ 在 $n$ 中的阶)。

例如,分解式 $12 = 2^2 \cdot 3$ 以及 $15 = 3 \cdot 5$。素数恰是那些无法再分解为更小正整数之积的正整数,这让它们在整数中显得尤为本质,因而也叫做为质数。除了 1 和素数之外,其他正整数叫做合数,即可用更小的正整数乘起来"合成"而得的数。比如,前面给出了分解的 12 和 15 都是合数,而最小的合数是 $4 = 2^2$。

最小的素数是 2,并且它是所有素数中唯一的偶数。偶素数 2 很重要,利用它能构造具有偶特征的有限域,这被广泛应用于纠错通信和磁盘存储等实用领域。

素数有许多有趣的特性。在大自然里有些生物的生命周期就是素数,比如 17 龄蝉和 13 龄蝉,据说素数的生命周期可以帮助它们躲避天敌的生命周期。中国古人喜欢赋予自然数主观属性,比如偶数为阴,奇数为阳。有证据表明,在公元前 1 000 多年,中国人就意识到素数更加特殊。比如给定 15 个豆子,那么可以排成一个 3 行 5 列的长方形。但如果是 17 个豆子,排成长方形的唯一方式就是一行。由此,古人认为素数更具阳刚之气,能够抵抗把它们拆成两个更小正整数乘积的尝试。

人们早已发现素数,于是自然会问:素数有多少个?古希腊时代欧几里得用反证法证明了下述命题。

**命题 2** 素数有无穷多个。

证明 (欧几里得)假设素数只有有限多个,把它们全体记为 $p_1, \cdots, p_n$。构造一个新的正整数 $N = p_1 p_2 \cdots p_n + 1$,可见,$N$ 不被任何 $p_i$ 整除,于是 $N$ 的任何素因子必然是一个新的素数,导出矛盾。因此素数有无穷多个。 □

欧几里得的证明非常有趣,现代数学家模仿它很容易就能证明系数在域上的不可约多项式也有无穷多个。数学里面往往有如此有趣的现象:两个"外表"差异很大的数学内容居然具有精妙的"相似"之处。换句话说,"结构化"的数学性质可以蕴含在不同的数学对象之中。另外,值得一提的是,的确有许多素数形如 $p_1 p_2 \cdots p_n + 1$,比如,素数 $7 = 2 \cdot 3 + 1$,$31 = 2 \cdot 3 \cdot 5 + 1$,以及 $211 = 2 \cdot 3 \cdot 5 \cdot 7 + 1$。

既然单个的素数有无穷多个,另一个有趣的问题是:是否存在无穷多个素数 $p$,使得 $p+2$ 也是素数?(除了 2 和 3 之外,显然任意两个素数可能的最近距离就是 2。)这个问题叫做孪生素数猜想。最小的这种素数对显然是 3 和 5,而 11 和 13 也是孪生素数。但至今人们也不知道是否存在无穷多对孪生素数。

2012 年底,华裔数学家张益唐在孪生素数问题上取得突破性进展。他把解析数论两大法宝之一的"筛法"(另一个是"圆法")发挥到极致,创造性地证明了:存在无穷多对素数,其每对的差值小于 7 000 万。由此人们在这个问题上首次从无限跨越到有限。其后许多数学家(包括 2006 年的菲尔兹奖得主陶哲轩)不断改进,把这一差值缩小到 246。但张益唐认为,由于筛法的奇偶性障碍,即筛法本质上无法将素数与那些恰好是两个素数乘积的数完全区分开,因此要想将差值缩小到 2,可能还需要筛法以外的新思路。

关于素数的未解决的公开问题还有很多,它们仿佛数论皇冠上一颗颗耀眼的明珠,等待有心人的采摘。比如,关于素数的构造,我们还不知道:(假定 $n$ 取正整数)

(1) 是否存在无穷多个形如 $n^2+1$ 的素数?

(2) 是否存在无穷多个费马(Fermat)素数,即形如 $2^n+1$ 的素数?

(3) 是否存在无穷多个梅森(Mersenne)素数,即形如 $2^n-1$ 的素数?

关于素数的另一个著名猜想是哥德巴赫(Goldbach)猜想:任一大于 2 的偶数都可以写成两个素数之和。数学家们会研究它的简记为"$a+b$"的弱化版本:任一充分大的偶数可以表示为这样的两个整数之和,其中一个是至多 $a$ 个素数的乘积,而另一个是至多 $b$ 个素数的乘积. 1966 年我国杰出的数学家陈景润(1933—1996)证明了"1+2"成立,也就是说,任一充分大的偶数可以表示为一个素数及一个不超过两个素数的乘积之和,至今这依旧是最接近哥德巴赫猜想的结果。

哥德巴赫猜想还有一个对奇数的弱化版本:任一大于 5 的奇数都可以写成 3 个素数之和. 1923 年英国数学家哈代(Godfrey Harold Hardy,1877—1947)和李特尔伍德(John Edensor Littlewood,1885—1977)在假设广义黎曼猜想成立的前提下,推导出它对充分大的奇数成立. 1937 年苏联数学家维诺格拉多夫(Ivan Matveevich Vinogradov,1891—1983)去掉了广义黎曼猜想这个前提,证明它对充分大的奇数成立,但没有给出这个"充分大"的具体下界。他的学生博罗兹金(Borozdin)在 1956 年证明 $3^{3^{15}}$ 是一个下界,但这个数字有 6 846 169 位,要全部验证比它小的奇数并不可行。随后,人们不断改进这个下界,直到 2012 年秘鲁数学家贺欧夫各特(Helfgott)通过改进解析数论的另一法宝"圆法",把这个下界降到 $10^{29}$,并用计算机验证 $10^{30}$ 之下的所有奇数,从而彻底完成了奇数哥德巴赫猜想的证明。

接下来我们要简单介绍一下关于素数在自然数中如何分布的问题。

## 二、素数的分布

已知素数有无穷多个,那么它们在拥有无穷多个自然数的数轴上如何分布呢?打个比方,如果把每个自然数整齐地排列在一条连绵不绝的笔直道路上,并在每个里程数恰好为素数的位置都安放一盏路灯,那点亮它们之后大概是何等光景?这就是在考察素数的分布了。

天才的高斯在他十五六岁时(1792—1793 年)喜欢心算连续 1 000 个整数中素数的个数,一直算到了大约 100 万才放弃。他发觉这个分布率越来越接近于整数大小的对数的倒数。用精确的数学语言说,对实数 $x > 1$,令 $\pi(x)$ 表示不大于 $x$ 的素数的个数,而用 $\log x$ 表示 $x$ 的自然对数(即以常数 $e = \lim_{n\to\infty}(1+n^{-1})^n = 2.71828\cdots$ 为底的对数),那么高斯观察到:当 $x$ 增大时,$\frac{\pi(x+1\,000)-\pi(x)}{1\,000} \sim \frac{1}{\log x}$。同时期法国数学家勒让德(Adrien-Marie Legendre,1752—1833)在 1797 年提出猜想:存在常数 $A$ 和 $B$,使得 $\pi(x) \sim \frac{x}{A\log x + B}$ 当 $x \to +\infty$ 时成立。后来,它们被统一为如下的素数定理或者说素数分布定理。

**定理 3(素数定理)** 当 $x$ 趋向于正无穷时,$\pi(x) \sim \frac{x}{\log x}$,亦即 $\lim_{x\to+\infty} \frac{\pi(x)}{x/\log x} = 1$。

直观上可通过一些具体的数值计算来理解素数定理,如表1所示。

**表 1　理解素数定理的具体数值计算**

| $x$ | $\pi(x)$ | $\dfrac{x}{\log x}$ | $\pi(x)-\dfrac{x}{\log x}$ | $\dfrac{\pi(x)}{x/\log x}$ |
| --- | --- | --- | --- | --- |
| $10^3$ | 168 | 145 | 23 | 1.161 |
| $10^4$ | 1 229 | 1 086 | 143 | 1.132 |
| $10^5$ | 9 592 | 8 686 | 906 | 1.104 |
| $10^6$ | 78 498 | 38 103 | 6 116 | 1.084 |
| $10^7$ | 664 579 | 620 421 | 44 158 | 1.071 |
| $10^8$ | 5 761 455 | 5 428 681 | 332 774 | 1.061 |
| $10^9$ | 50 847 534 | 48 254 942 | 2 592 592 | 1.054 |
| $10^{10}$ | 455 052 511 | 434 294 482 | 20 758 029 | 1.048 |

素数定理经过19世纪几代数学家的努力,在1896年由法国数学家阿达玛(Jacques Salomon Hadamard,1865—1963)和比利时数学家普森(Charles Jean de la Vallée Poussin,1866—1962)分别独立地给出证明。他们的证明核心是利用黎曼 $\zeta(s)$ 函数零点的分布性质。许多数学家,包括英国的数论大师哈代,曾认为素数定理不会有规避复分析的初等证明。令人惊讶的是,这样的初等证明居然在半个世纪后的1949年,被挪威数学家塞尔伯格(Atle Selberg,1917—2007)和匈牙利数学家埃尔德什(Paul Erdös,1913—1996)发现了,尽管对它的优先权存在一些争议(当时是塞尔伯格把一些初步想法告诉埃尔德什之后,两人在同一时间独立地给出证明)。

他们是风格迥异的两位数学大师。塞尔伯格因为这项工作及其对迹公式的开拓性贡献而荣获1950年的菲尔兹奖(Fields Medal),以及1986年的沃尔夫奖(Wolf Prize)。前者相当于数学界的诺贝尔奖,惯例只在四年一度的国际数学家大会上颁发给40岁以下最杰出的二三位数学家。后者是数学领域的终生成就奖,获奖者都可称为当代数学大师。而埃尔德什是一位富有传奇色彩的数学家,因其对数论和离散数学的巨大贡献而获得 1983 年的沃尔夫奖。他一生居无定所,拒绝固定职位,终身未娶,漂泊浪迹,每天思考数学十八九个小时,曾说"数学家是将咖啡转换成定理的机器"。他一生发表论文 1 475 篇,与 511 人合作。因为与他合作过的人太多了,人们定义了"埃尔德什数":埃尔德什的埃尔德什数为 0,与他直接合作写论文的人的埃尔德什数为 1,与埃尔德什数为 1 的人合写论文的人的埃尔德什数为 2,依此类推。

下面我们稍微演示一下,如何利用一些初等的技巧来给出 $\pi(x)$ 上下界的一些粗略估计。只想看故事的读者可以跳过这些命题的证明,直接阅读下一小节中介绍的关于素数分布的其他结果和猜想,尤其是黎曼猜想。首先,我们利用欧几里得证明素数无穷的想法,给出 $\pi(x)$ 的一个粗糙下界:

**命题 4** $\pi(x) > \log_2(\log_2(x))$。

**证明** 设全体素数从小到大依次为 $p_1 < p_2 < p_3 < \cdots < p_n < \cdots$,因为 $p_1 p_2 \cdots p_n + 1$ 的素因子不是前 $n$ 个素数,所以 $p_{n+1} \leqslant p_1 p_2 \cdots p_n + 1$。用数学归纳法可证 $p_n \leqslant 2^{2^{n-1}}$。实际上,$p_1 = 2 \leqslant 2^{2^0}$,再假设 $p_k \leqslant 2^{2^{k-1}}$ 对所有 $k \leqslant n$ 成立,那么

$$p_{n+1} \leqslant p_1 p_2 \cdots p_n + 1 \leqslant 2^{(2^0 + 2^1 + \cdots + 2^{n-1})} + 1 \leqslant 2^{2^n}。$$

因此 $\pi(2^{2^{n-1}}) \geqslant n$。当 $x \geqslant 2$ 时,取正整数 $n$,使得 $n - 1 \leqslant \log_2(\log_2(x)) < n$,即 $2^{2^{n-1}} \leqslant x < 2^{2^n}$,那么

$$\pi(x) \geqslant \pi(2^{2^{n-1}}) \geqslant n > \log_2(\log_2(x))。$$

当 $1 < x < 2$ 时,$\pi(x) = 0 > \log_2(\log_2(x))$。 □

注意到每个正整数 $n$ 都可唯一地写成 $n = ab^2$ 的形式,其中 $a$ 和 $b$ 为正整数,且 $a$ 不被任何大于 1 的整数平方所整除。实际上,$b$ 恰好是有限集合 {正整数 $m: m^2$ 整除 $n$} 中的最大元素。利用这个观察,我们

给 $\pi(x)$ 的下界一个更好的估计。

**命题 5** $\pi(x) > \log_4(x)$。

**证明** 设 $m = \pi(x)$,并设前 $m$ 个素数为 $p_1, \cdots, p_m$。取整数 $k$,使得 $1 \leqslant k \leqslant x < k+1$。每个满足 $1 \leqslant n \leqslant k$ 的整数 $n$ 总能唯一地写成 $n = ab^2$,其中 $a$ 和 $b$ 为正整数,且 $a$ 不被任何大于 1 的整数平方所整除。于是,$a$ 属于集合 $\{p_1^{r_1} p_2^{r_2} \cdots p_m^{r_m} :$ 每个 $r_i = 0$ 或 $1\}$,而 $b \leqslant \sqrt{n} \leqslant \sqrt{k}$。可见 $(a, b)$ 的选择方式的种数不超过 $2^m \sqrt{k}$,且 $n$ 有 $k$ 种选择,所以 $k \leqslant 2^m \sqrt{k}$,即 $k \leqslant 4^m$。假设这个不等式取到等号 $k = 4^m$,那么在前述 $(a, b)$ 的选择中必须取到 $a = p_m$ 及 $b = \sqrt{k}$,进而 $k \geqslant ab^2 = p_m k$,于是 $p_m = 1$,导出矛盾。因此 $k < 4^m$。所以 $4^m \geqslant k+1 > x$,以及 $\pi(x) = m > \log_4(x)$。 □

以后我们约定:凡在求和 $\sum$ 或求积 $\prod$ 的指标中出现的 $p$ 都只取遍满足条件的素数 $p$。定义函数 $\vartheta(x) = \sum_{p \leqslant x} \ln p$,它是把所有不超过 $x$ 的素数的自然对数值累加起来。当 $x < 2$ 时,约定 $\vartheta(x) = 0$。俄罗斯数学家切比雪夫(Pafnuty Lvovich Chebyshev, 1821—1894)发现,从 $\vartheta(x)/x$ 的上下界可以推导出 $\dfrac{\pi(x)}{x/\ln x}$ 的上下界。

**命题 6** $\vartheta(x)/x < 4\ln 2$。

**证明** 由二项式定理,有 $2^{2n} = (1+1)^{2n} = \sum_{j=0}^{2n} C_{2n}^j > C_{2n}^n = \dfrac{2n(2n-1)\cdots(n+1)}{n!}$。显然,任何满足 $n < p \leqslant 2n$ 的素数 $p$ 都整除 $C_{2n}^n$。于是,

$$2n\ln 2 > \ln(C_{2n}^n) > \sum_{n < p \leqslant 2n} \ln p = \vartheta(2n) - \vartheta(n)。$$

将 $n = 1, 2, \cdots, 2^{m-1}$ 分别代入上式,再全部求和,得到

$$\vartheta(2^m) < (2 + 2^2 \cdots + 2^m)\ln 2 < 2^{m+1}\ln 2。$$

对 $x > 1$,取正整数 $m$,使得 $2^{m-1} < x \leqslant 2^m$,于是
$$\vartheta(x) \leqslant \vartheta(2^m) < 2^{m+1} \ln 2 < 4x \ln 2 \text{。} \qquad \Box$$

**推论 7** 存在常数 $c_1 > 0$,使得 $\pi(x) < c_1 \dfrac{x}{\ln x}$ 对 $x \geqslant 2$ 恒成立。

**证明** 由 $\vartheta(x)$ 的定义可得 $\vartheta(x) \geqslant \sum_{\sqrt{x} < p \leqslant x} \ln p \geqslant (\ln \sqrt{x}) \cdot (\pi(x) - \pi(\sqrt{x}))$。于是
$$\pi(x) \leqslant \frac{\vartheta(x)}{\ln \sqrt{x}} + \pi(\sqrt{x}) \leqslant (8 \ln 2) \frac{x}{\ln x} + \sqrt{x} \text{。}$$

注意到当 $x \geqslant 2$ 时,有 $\sqrt{x} < \dfrac{2x}{\ln x}$。取 $c_1 = 2 + 8 \ln 2$。 $\Box$

注意到 $\limsup\limits_{x \to +\infty} \dfrac{\pi(x)}{x} \leqslant \lim\limits_{x \to +\infty} \dfrac{c_1}{\ln x} = 0$,这说明随着 $x$ 的增大,素数的分布越来越稀疏。

素数 $p$ 在整数 $n$ 中的阶 $\mathrm{ord}_p(n) = \max\{$整数 $k \geqslant 0: p^k$ 整除 $n\}$。对实数 $x$,定义 $[x]$ 为不大于 $x$ 的最大整数。

**引理 8** $\mathrm{ord}_p(n!) = \sum_{j=1}^{[\log_p(n)]} [n/p^j]$ 对任何正整数 $n$ 成立。

**证明** 在整数 $1, 2, 3, \cdots, n$ 之中,能被 $p$ 整除的恰好有 $[n/p]$ 个,能被 $p^2$ 乘除的恰好有 $[n/p^2]$ 个,能被 $p^j$ 乘除的恰好有 $[n/p^j]$ 个。当 $j > \log_p(n)$ 时,有 $[n/p^j] = 0$。取遍所有的 $j = 1, 2, \cdots, [\log_p(n)]$,这些个数相加恰好得到素因子 $p$ 在 $n!$ 中被整除的最大幂次。 $\Box$

**命题 9** 存在常数 $c_2 > 0$,使得 $\vartheta(x)/x > c_2$ 对 $x \geqslant 2$ 恒成立。

**证明** 因为 $[2t] - 2[t] \in \{0, 1\}$ 对任何 $t > 0$ 成立,所以
$$\mathrm{ord}_p(C_{2n}^n) = \mathrm{ord}_p((2n)!) - 2\mathrm{ord}_p(n!)$$
$$= \sum_{j=1}^{[\log_p(2n)]} ([2n/p^j] - 2[n/p^j]) \leqslant [\log_p(2n)] \text{。}$$

注意

$$C_{2n}^n = \frac{n+1}{1} \cdot \frac{n+2}{2} \cdots \frac{n+n}{n} \geqslant 2^n,$$

同时 $C_{2n}^n = \prod_{p \leqslant 2n} p^{\mathrm{ord}_p(C_{2n}^n)}$,于是

$$n\ln 2 \leqslant \ln(C_{2n}^n) = \sum_{p \leqslant 2n} \mathrm{ord}_p(C_{2n}^n) \ln p \leqslant \sum_{p \leqslant 2n} [\log_p(2n)] \ln p$$

$$\leqslant \sum_{p \leqslant \sqrt{2n}} \frac{\ln(2n)}{\ln p} \ln p + \sum_{\sqrt{2n} < p \leqslant 2n} \ln p$$

$$\leqslant \sqrt{2n} \ln(2n) + \vartheta(2n)。$$

因此 $\liminf\limits_{n \to \infty} \dfrac{\vartheta(2n)}{2n+2} \geqslant \liminf\limits_{n \to \infty} \dfrac{n\ln 2 - \sqrt{2n}\ln(2n)}{2n+2} = (\ln 2)/2$,以及

$$\liminf_{x \to +\infty} \frac{\vartheta(x)}{x} \geqslant \liminf_{x \to +\infty} \frac{\vartheta(2[x/2])}{2[x/2]+2} = \liminf_{n \to \infty} \frac{\vartheta(2n)}{2n+2} \geqslant (\ln 2)/2。$$

对任何 $0 < C < (\ln 2)/2$,存在常数 $D > 2$,使得 $\vartheta(x)/x > C$ 对任何 $x \geqslant D$ 成立。而对 $2 \leqslant x < D$,有 $\vartheta(x)/x > (\ln 2)/D$。取常数 $c_2 = \min\{C, (\ln 2)/D\}$ 即可。  □

**推论 10** 对上述常数 $c_2 > 0$,$\pi(x) > c_2 \dfrac{x}{\ln x}$ 对 $x \geqslant 2$ 恒成立。

**证明** 由定义,$\vartheta(x) \leqslant \pi(x)\ln x$。因此 $\pi(x) \geqslant \dfrac{\vartheta(x)}{\ln x} > \dfrac{c_2 x}{\ln x}$。

□

以上,我们用十分初等的方法,证明了存在常数 $c_1 > c_2 > 0$,使得 $c_1 \dfrac{x}{\ln x} > \pi(x) > c_2 \dfrac{x}{\ln x}$ 对 $x \geqslant 2$ 恒成立。而素数定理更强,它说当 $x \to +\infty$ 时 $\pi(x)$ 会被 $\dfrac{x}{\ln x}$ 逼近。

## 三、其他结果与猜想

素数定理反映了素数分布的大致疏密程度:在集合 $\{1, 2, \cdots,$

$n\}$ 中随机抽取一个整数,取到素数的概率大约近似于 $1/\ln n$。另一种等价的说法是:第 $n$ 个素数 $p_n$ 的大小大约是 $n\ln n$,即 $\lim_{n\to\infty}\dfrac{p_n}{n\ln n}=1$。虽然素数定理早已被证明,但关于素数的分布还有许多深刻的结果和未被解决的猜想,仅举几例。

**狄利克雷(Dirichlet)定理** 如果两个正整数 $a$ 和 $d$ 互素(即它们的最大公因子是 1),那么等差数列 $a, a+d, a+2d, \cdots, a+nd, \cdots$ 中存在无穷多个素数。实际上,设 $\pi(x;a,d)$ 为形如 $p=a+nd\leqslant x$ ($n$ 为整数) 的素数个数,那么当 $x\to+\infty$ 时,$\pi(x;a,d)\sim\dfrac{\pi(x)}{\varphi(d)}\sim\dfrac{1}{\varphi(d)}\dfrac{x}{\ln x}$,这里 $\varphi(d)$ 是从 1 到 $d$ 中与 $d$ 互素的整数个数。

**格林-陶哲轩(Green-Tao)定理** 对任何正整数 $n$,存在由素数构成的 $n$ 项的等差数列。

**贝特朗(Bertrand)假设** 对任何 $x>1$,存在素数 $p$,使得 $x<p<2x$。或等价地说,$p_{n+1}<2p_n$ 对所有正整数 $n$ 成立。1845 年贝特朗提出这个猜想,并对 $3\times10^6$ 以下的素数验证。1852 年切比雪夫证明它的等价形式:$\pi(2x)-\pi(x)\geqslant 1$ 对 $x>1$ 恒成立。他的方法是找到满足 $c_2\dfrac{x}{\ln x}<\pi(x)<c_1\dfrac{x}{\ln x}$ (对充分大的 $x$) 的常数 $0<c_2<c_1<2c_2$。

**英厄姆(Ingham)的结果** 存在常数 $N$,使得对任何正整数 $n>N$,$n^3$ 和 $(n+1)^3$ 之间存在素数。由此米尔斯(Mills)证明了:存在实数 $A>0$,使得对所有正整数 $k$,$[A^{3^k}]$ 都是素数。

**勒让德(Legendre)猜想** 对任何正整数 $n$,$n^2$ 和 $(n+1)^2$ 之间存在素数。

**安迪加(Andrica)猜想** $\sqrt{p_{n+1}}-\sqrt{p_n}<1$ 对所有正整数 $n$ 成立。显然它推出勒让德猜想。

**奥普曼(Oppermann)猜想** $\pi(x^2-x)<\pi(x^2)<\pi(x^2+x)$ 对

$x > 1$ 恒成立。取 $x = \sqrt{p_n}$，它推出 $p_{n+1} - p_n < \sqrt{p_n}$，进而 $\sqrt{p_{n+1}} - \sqrt{p_n} < \sqrt{p_n}/(\sqrt{p_{n+1}} + \sqrt{p_n}) < 1/2$，这比安迪加猜想更强。

**克拉默(Cramér)猜想** $p_{n+1} - p_n = O(\ln^2 p_n)$。这里大 $O$ 的意思是 $\frac{p_{n+1} - p_n}{\ln^2 p_n}$ 有界(当 $n \to \infty$ 时)。瑞典的数理统计大师、概率数论的开拓者克拉默(Harald Cramér，1893—1985)通过一个概率性的模型来模拟素数：假定取值 0 或 1 的随机序列 $(a_n)_{n=2}^{\infty}$，其中 $a_n$ 取 1 的概率为 $1/\ln n$，序列中取 1 的位置相当于素数，而 $p_n$ 就是序列中第 $n$ 个 1 的位置。在这个概率模型中，事件 $\limsup\limits_{n \to \infty} \frac{p_{n+1} - p_n}{\ln^2 p_n} = 1$ 以概率 1 出现。由此克拉默提出关于素数的上述猜想。显然，在 $n$ 充分大时这个猜想比奥普曼猜想要强很多。目前已经证明了 $p_{n+1} - p_n = O(p_n^{0.525})$，以及 $\limsup\limits_{n \to \infty} \frac{p_{n+1} - p_n}{\ln p_n} = \infty$。

关于素数分布的最深刻和有趣的猜想，恐怕就是黎曼猜想或者说黎曼假设(Riemann hypothesis)了。实际上素数定理也可以看作黎曼猜想的一个弱化版本。作为本文的结束，我们简要介绍一下黎曼猜想与素数分布的联系，以及它对现代数学的重要影响。

黎曼于 1859 年提出这个猜想的伟大论文，首先是基于当年欧拉观察到的等式

$$\sum_{n=1}^{\infty} \frac{1}{n^s} = \prod_{p} \frac{1}{1 - p^{-s}},$$

其右边每一项展开后是 $\sum_{k=0}^{\infty} p^{-ks}$，乘开后会发现这个等式正是算术基本定理的级数表达。实际上，欧拉由此发现：$\sum_{n=1}^{\infty} \frac{1}{n} = \infty \Rightarrow \prod_{p} \left(1 - \frac{1}{p}\right) = 0 \Rightarrow \sum_{p} \frac{1}{p} = \infty \Rightarrow$ 素数 $p$ 有无穷多个。

级数 $\sum_{n=1}^{\infty} \frac{1}{n^s}$ 在复的半平面 $\operatorname{Re}(s) > 1$ 上收敛于一个全纯函

数。这个函数可被解析延拓成为整个复平面上的亚纯函数 $\zeta(s)$,并有唯一的极点 $s=1$。黎曼 $\zeta$ 函数满足函数方程:

$$\zeta(s) = 2^s \pi^{s-1} \sin\left(\frac{\pi s}{2}\right) \Gamma(1-s) \zeta(1-s),$$

其中伽马函数 $\Gamma(z) = \int_0^{+\infty} t^{z-1} e^{-t} dt$(并从区域 $\mathrm{Re}(z) > 0$ 解析延拓到整个复平面)。从函数方程中可以看出: $\zeta(s)$ 在 $s$ 为负的偶数时取值为 $0$,它们被称为 $\zeta(s)$ 的平凡零点。函数方程揭示了 $\zeta(1/2+s)$ 与 $\zeta(1/2-s)$ 的互相确定的关系,相当于 $\zeta(s)$ 关于 $1/2$ 的某种对称性。

黎曼 $\zeta$ 函数的零点与素数分布的联系主要体现在下面公式中: 当 $x \geqslant 2$ 时,有

$$\sum_{p^m \leqslant x} \ln p = x - \sum_{\zeta(\rho)=0} \frac{x^\rho}{\rho} + O(1),$$

其中 $p$ 取素数,$m$ 取正整数,$\rho$ 取遍 $\zeta$ 函数的零点,而 $O(1)$ 表示一个有界函数。

如果我们假定 $\zeta$ 的所有零点的实部都小于 $1$,并且它们在复平面上是离散的,那么从上式就推出 $\sum_{p^m \leqslant x} \ln p \sim x$(当 $x \to +\infty$ 时)。注意到 $\sum_{p^m \leqslant x} \ln p = \sum_{k=1}^{[\log_2 x]} \vartheta(x^{1/k})$,由此不难得到 $\lim_{x \to +\infty} \vartheta(x)/x = 1$,进而 $\lim_{x \to +\infty} \frac{\pi(x)}{x/\ln x} = 1$。实际上,1896 年最初对素数定理的两个证明大致就是严格论证了上述思路。而黎曼在 1859 年的论文中,提出了更强的猜测:

**猜想 11(黎曼猜想)** $\zeta(s)$ 的所有非平凡零点的实部都是 $1/2$,或等价地说,有

$$\pi(x) = \int_2^x \frac{dt}{\ln t} + O(\sqrt{x} \ln x),$$

其中 $O(\sqrt{x}\ln x)$ 这项与 $\sqrt{x}\log x$ 的比值是有界函数。注意到 $\int_2^x \frac{dt}{\ln t} \sim \frac{x}{\ln x}$（当 $x \to +\infty$ 时），黎曼猜想是比素数定理更强的对 $\pi(x)$ 的逼近。

一百五十多年来，数学家们一直试图证明黎曼猜想，却没有取得本质上的突破，目前只能证明黎曼 $\zeta$ 函数的所有非平凡零点的实部会落在 $1/2$ 的某些小邻域内，或者验算虚部在某个有界范围内的所有非平凡零点（一共有限多个）的实部均为 $1/2$。此外，人们提出了许多类似它的猜想，并取得一系列重要结果。例如，前面提到的广义黎曼猜想，就是说狄利克雷 $L$ 函数在区域 $0<\mathrm{Re}(s)<1$ 内的零点的实部都等于 $1/2$。黎曼猜想或者广义黎曼猜想可以推导出数论中许多未被完全证明的结论。例如，克拉默在假定黎曼猜想的前提下可以证明 $p_{n+1} - p_n = O(\sqrt{p_n}\ln p_n)$，尽管这比他猜想的 $p_{n+1} - p_n = O(\ln^2 p_n)$ 要弱很多。

黎曼猜想产生的另一个重大影响是韦伊（André Weil，1906—1998）猜想。20 世纪 40 年代，法国数学大师韦伊在研读黎曼的论文时，类比地提出代数簇上的黎曼猜想，即对有限域上多项式方程解数给出的 $\zeta$ 函数，猜测它的零点和极点会分布在若干条直线 $\mathrm{Re}(s) = k/2$（整数 $k \geqslant 0$）上。被尊称为"代数几何教皇"的法国数学家格罗腾迪克（Alexander Grothendieck，1928—2014）正是为证明韦伊猜想而拟订了一个庞大的代数几何研究计划。他的学生比利时数学家德利涅（Pierre Deligne），在格罗腾迪克的计划框架内，绕过最困难的目标而于 1973 年巧妙地证明了韦伊猜想，并因此获得菲尔兹奖和沃尔夫奖。这是 20 世纪下半叶纯数学领域最辉煌的成就之一。

作为类似 $\zeta$ 函数的推广，各式各样的 $L$ 函数活跃在现代数学的数论、代数几何和表示论等分支中。1994 年英国数学家怀尔斯（Sir Andrew John Wiles）对费马大定理（Fermat's last theorem）的证明，实质上是对半稳定的椭圆曲线证明了"谷山-志村-韦伊猜想"

(Taniyama-Shimura-Weil conjecture)：椭圆曲线的 $L$ 函数的系数都可以实现为模形式的傅里叶展开的系数。这个猜想最终在 2001 年被怀尔斯的学生泰勒(Taylor)及另 3 位合作者——步日耶(Breuil)、康拉德(Conrad)、戴蒙德(Diamond)证明。这是近 50 年来现代数论和表示论的核心课题——朗兰兹纲领(Langlands program)的胜利篇章。

黎曼猜想不仅与素数分布密切相关，还与其他数学分支乃至量子物理都有千丝万缕的联系。因其影响深远、联系广泛却又无比艰深，黎曼猜想早已成为数学界最关心的核心猜想，也是克雷数学研究所百万美金悬赏的千禧年七大数学难题之一。我们期望有兴趣的读者能主动从文献或互联网上去获取更多关于素数的精彩故事，也祝愿大家能在有生之年看到证明黎曼猜想的曙光。

**参考文献**

1. J. Derbyshire. 陈为蓬译. 素数之恋：黎曼和数学中的最大未解之谜. 上海：上海科技教育出版社，2014
2. M. D. Sautoy. 孙维昆译. 素数的音乐：为什么黎曼猜想那么重要. 长沙：湖南科学技术出版社，2007
3. K. Ireland and M. Rosen. *A classical introduction to modern number theory*, 2ed.. Springer，2003
4. B. Riemann. Ueber die Anzahl der Primzahlen unter einer gegebenen Grösse (On the Number of Prime Numbers less than a Given Magnitude). 1859

中山大学数学学院　范　翔　赵昌安　姚正安

# 沙罗周期是什么

"沙罗周期"是一个天文术语,它是指长度大约为 6 585 天(大约 18 年 11 天)的一段时间间隔,每过这段时间间隔,地球、太阳和月球的相对位置又会与初始的基本相同,因而前一周期内的日食、月食又会重新陆续出现,因此可以预测以后周期内的日食、月食的发生时间。

要弄清楚这是怎么一回事,就要从日食和月食的形成说起。

首先,讲一下月食原理,见图 1。

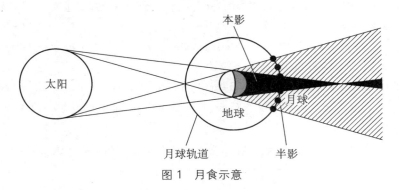

图 1 月食示意

当地球运行到月球与太阳之间的时候,也就是说,从地球上看,月球运行到与太阳遥遥相对的一侧时,太阳射向月球的光线被地球挡住了,看到的月面残缺了,就发生月食。由于月球要从地球的投影区域内经过,而地球比月球大,所以从地球上看月球,根据地球与月球之间的距离大小和方位的不同,就有一部分甚至全部的太阳光线被地球挡住,使得月球暗淡无光。这就是民间所说的"天狗吃月亮"。显然,月食只可能在满月(农历月十五)时才可能发生,本来应该看到的满月看不见了。而且由于月球与太阳的运行轨道并不在同一个平面上,所以月食并不是在每个满月时都会出现。每年发生月食数最多为3次。因为在一般情况下,月球要么从地球本影的上方通过,要么在下方离去,很少穿过或部分通过地球本影,所以一般情况下不会发生月食。

其次,讲一下日食原理,见图2。

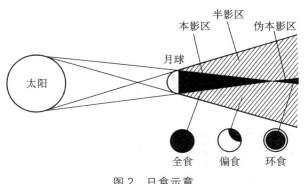

图2 日食示意

如果月球运行到太阳与地球之间,就发生日食。此时,从地球上看到太阳被月球遮住了,使得太阳失去昔日灼热的光辉。显然,日食只有在新月(农历月初一)时才可能发生,正对地球的是太阳照不到的月球阴暗面。根据地球和月球的相对位置不同,会产生不同的食面,如图2所示。

那么,如何计算月食和日食的发生周期呢?这就要了解太阳、地球和月球的运行情况了。

大家知道,地球除了每天一周的自转以外,还围绕太阳每年旋转一周;月球除了每月一周的自转以外,还围绕地球每月旋转一周。由于月球自转的周期正好等于月球绕地球旋转的周期,所以月球总是用确定的一面(就是无论何时何地,地球人所看到的永远不变的月面图像)朝向地球,我们在地球上总是无法看到月球另一面的"庐山真面目"。

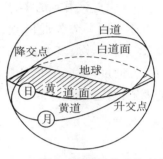

图3 白道与黄道的交点

在图3中,所示的大球称为"天球",它是以地球上的一个观察者的眼睛为球心,以无穷大为半径所作的一个假想的球。在地球上的人所看到的天象是太阳在围绕着地球旋转,实际上是地球在围绕着太阳旋转。当然,这两个旋转轨道所在的平面是同一个平面,称为"黄道面"。月球围绕地球旋转的轨道平面称为"白道面"。

如果月球就在黄道面上围绕着地球旋转,那么日食与月食的发生时间就非常容易确定,就好像钟表面上的时针和分针在同一面上旋转一样,一旦两针重合,就发生了"冲"也就是"食"。可是实际情况并不是这样简单。这两个轨道平面的交角平均为 $5°9'$。这两个轨道平面与天球的交线(是两个大圆)分别称为"黄道"和"白道",它们分别是地球和月球的实际轨道在天球内壁上的投影,我们好像是在看球面电影。月球从黄道面的下侧穿过去到上侧,然后再穿过黄道面回到原来的一侧,所以,月球的运行轨迹与黄道面必有两个交点(分别称为升交点和降交点),当然,这两个交点,一个在地球运行轨迹圈以内,另一个在圈外。月亮从圈内交点回到圈内交点的时间称为交点月,已知约为 27.212 3 天。因为它的参照系是某个取定的恒星,所以也称为恒星月(见图4)。

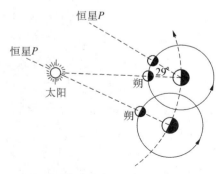

图4 交点月与朔望月

人们把初一的新月称为"朔",十五的满月称为"望",两个新月之间所隔的时间称为朔望月,已知为 29.530 6 天。它的参照系是太阳,是太阳在空中围绕地球旋转一周的时间,是视运动周期(见图 4)。

能否用连分数测出日食和月食的发生周期?

下面,我们考虑两次相邻的日全食之间相隔的时间。显然,发生日食的时间与交点月有关,因为发生日食时,月球一定在上述的圈内交点上。但另一方面,因为发生日食时,太阳光被月球挡住,从地球上看月球,一定是月球最暗的日子,也就是一定在"朔"日。这说明发生日食的时间,也与朔望月有关。因此,当发生一次日食后,只有当月球从这个圈内交点再回到同一交点,而且从一个"朔"日到下一个"朔"日时,才再次发生日食。为了求出日食的发生周期,就要求计算一个交点月与一个朔望月的比值:

$$a = \frac{29.530\ 6}{27.212\ 3} = \frac{295\ 306}{272\ 123} \approx 1.085\ 2。$$

仍用带余除法求出 $a$ 的连分数表示式:

$$a = 1 + \frac{1}{11} + \frac{1}{1} + \frac{1}{2} + \frac{1}{1} + \frac{1}{4} + \frac{1}{2} + \frac{1}{9} + \frac{1}{1} + \frac{1}{25} + \frac{1}{2}。$$

我们选择下面一个渐近分数

$$a \approx 1 + \frac{1}{11} + \frac{1}{1} + \frac{1}{2} + \frac{1}{1} + \frac{1}{4} = \frac{242}{223} \approx 1.085\ 2。$$

这说明大约经过 242 个交点月,也就是 223 个朔望月以后,太阳、月球与地球几乎又回到了原先发生日食时的相对位置。这中间相隔的时间约为 6 585 天,大概 18 年 11 天。这就是两次日全食之间相隔时间的近似值,也就是天文学上所说的沙罗周期。事实上,以下两个数非常接近:

$$242 \times 27.212\ 3 \approx 6\ 585.376\ 6 \text{ 与 } 223 \times 29.530\ 6 \approx 6\ 585.323\ 8。$$

当然，以上是计算这 3 个天体（月球在太阳与地球之间发生日全食）先后两次在一条直线上所间隔的时间。但是实际上，在这一段时间内将会发生很多次偏食的情形。经过计算，在此期间约有 43 次日食和 28 次月食；在一年中发生日食、月食的总数不会超过 7 次。相邻两次日食（或月食）之间的间隔时间也不是相同的。但是，每隔 6 585 天，这 3 个天体又几乎回到原来的相对位置，却是不争的事实。在这 6 585 天中所发生的现象将周而复始重演一遍。"沙罗"一词在拉丁语里就是重复的意思。

沙罗周期是对于全球而言的日食发生周期。对于一个确定的地区而言，则往往是几百年难遇的天文奇观。2009 年 7 月 22 日出现的日全食奇观，是自 1814 年至 2309 年这近 500 年的期间内，在中国境内日全食持续时间最长（超过 6 分钟）、全食带覆盖的人口最多（3 亿）的一次。

复旦大学数学科学学院　徐诚浩

# 生日的公历、农历日期能再是同一天吗

每个人的生日都有公历日期和农历日期两个。到底在哪一天过生日,是由本人选定的。当然,最好这两个日期又是同一天,我们把它称为两个日期合一现象。那么,这个愿望能不能实现呢?

我们知道,在农历中规定:在19年中插入7个闰月。一个回归年有365.2422天;一个朔望月有29.5306天。我们来计算一下:

在19个回归年中,有

$$365.2422 \times 19 = 6939.6018(天);$$

在 $19 \times 12 + 7 = 235$ 个朔望月中有

$$29.5306 \times 235 = 6939.6910(天),$$

两者非常接近。这说明,任意选定一天作为起始点(例如您的出生日期),地球绕太阳转19圈所需的时间,与月球绕地球(视运动)转235圈(19个农历年)所需的时间,几乎相等! 于是,一切又回到了起始点,所以两个生日日期"每隔19年合一一次"现象并不是罕见、难遇的巧合。于是,在您的一生中有可能碰到5次。对此,您可以查一下万年历验证一下呵!

当然,上述两个数字毕竟还有些差值,每过19年,后者比前者多了 2.14 小时,所以不能确定地说:"每隔 19 年一定合——次。"但是,由于在现行历法中,采用了有效的加闰措施,对于以"天"为单位的日期计算而言,在公历闰年中增加一天,就自然地消除一些这种差值的积累,所以在长时期内保证了这种差值不会无限积累。因此,可以一般地说:"生日的合一现象,每隔 19 年重复一次。"

接下来自然会问:"生日的公历日期和农历日期,每隔 19 年,会相差几天呢?"结果会令人有所失望:难以精确地确定,因为它受到多个因素的支配。在 500 年(1601—2100 年)的历史长河中,随机抽取十多个实例,发现对于随机取定的公历日期,对应的农历日期的变动范围是四五天。根据概率论中的大数定律,可以认为在概率意义上说,这是普遍正确的。事实上,这是由农历中"19 年 7 闰"和大小月的确定方法确保的。在一个人短短的一生中,每隔 19 年,公历生日的农历日期与出生时的农历日期相差一二天的愿望,还是很可能实现的。

表 1 给出了公历 3 月 18 日对应的农历二月的日期表。

**表 1　公历 3 月 18 日对应的农历二月的日期表**

| 年号 | 日期 | 年号 | 日期 | 年号 | 日期 | 年号 | 日期 | 年号 | 日期 |
|---|---|---|---|---|---|---|---|---|---|
| 1601 | 十四 | 1620 | 十五 | 1639 | 十四 | 1658 | 十五 | 1677 | 十五 |
| 1696 | 十六 | 1715 | 十三 | 1734 | 十四 | 1753 | 十四 | 1772 | 十五 |
| 1791 | 十四 | 1810 | 十四 | 1829 | 十四 | 1848 | 十四 | 1867 | 十三 |
| 1886 | 十三 | 1905 | 十三 | 1924 | 十四 | 1943 | 十三 | 1962 | 十三 |
| 1981 | 十三 | 2000 | 十三 | 2019 | 十二 | 2038 | 十三 | 2057 | 十四 |
| 2076 | 十四 | 2095 | 十三 | | | | | | |

从此表中发现:公历 1696 年 3 月 18 日是农历(丙子年)二月十六,而 1715 年 3 月 18 日是农历(乙未年)二月十三,两者之间相差了 3 天!在其余相邻年份,对应的农历日期相差一两天。

当然,对于生日日期来说,有一个特殊问题:如果正好出生在农历闰月的某一天,那么,当然不能希望每年都能准确地过生日了,除非"只认月份,不认闰月"。

例如,2014年的农历有闰九月,2033年的农历有闰十一月。从表2中可以看出:从闰月开始的以后各月,19年后对应的月份数都加1,直到再遇闰月时,减去1,恢复原来的规律。

表2 闰月对生日的影响

| 公 历 | 农 历 | | 公 历 | 农 历 | |
|---|---|---|---|---|---|
| 年 月 日 | 月 | 日 | 年 月 日 | 月 | 日 |
| 2014 10 24 | 闰九 | 初一 | 2033 10 24 | 十 | 初二 |
| 2014 11 22 | 十 | 初一 | 2033 11 22 | 十一 | 初一 |
| 2014 12 22 | 十一 | 初一 | 2033 12 22 | 闰十一 | 初一 |
| 2015 01 20 | 十二 | 初一 | 2034 01 20 | 十二 | 初一 |

与生日日期合一问题相仿的,还有"玫瑰与汤圆问题"。

从西方进口的情人节(公历2月14日)与我国沿袭了几千年、热热闹闹吃汤圆的元宵节(农历正月十五),本来是毫不相干的两件事,但由于在2014年它们正好是同一天,于是"送玫瑰"和"吃汤圆"相遇了!引起了人们极大的关注和激动,娱乐界、商界纷纷闻风而动,婚姻登记处更是忙得不可开交。

其实,这种"双节合一"现象是重复出现的历法现象。一般来说,每隔19年就会"合一"一次。上一次是1995年,下一次要到2033年了!

那么,在每隔19年的一个轮回中,情人节与元宵节最多能够相差多少天呢?查万年历可知,从1600年到2100年,在这长达500年的漫长时期内,每隔19年,情人节对应的农历正月日期与元宵节最多相差一到两天!

因为在1645—2796年的1152年中，只出现6个"闰正月"（1651年、2262年、2357年、2520年、2539年和2634年），所以，对于情人节与元宵节合一问题来说，我们不必去考虑这个特殊问题，当然，也不必考虑连续过两个春节的问题。

复旦大学数学科学学院　徐诚浩

# 时间的定义 1

记时就是用数来刻画时间。数学的最基本来源与目的就是用数来刻画时间与空间,进而描述事件发生的空间与时间之间的关系。对人类来说,时间的第一个感觉是每天的日出日落。由雄鸡的报晓声来提醒我们。早先我们又把每天分成 12 个时辰。每个时辰又用沙漏细化,分成 4 刻。后来发现沙漏的计算与日出日落的计算有矛盾,夏天日长,冬天日短。或者说日出的周期不如沙漏的周期来得稳定。所以又发明了日晷,用来修正以太阳——日,作为标准的时间定义与度量。最简单的日晷就是在地上树一根竹竿,把每天竹竿的太阳阴影最短的时刻定为正午,这比将太阳升起作为标准点精确多了。用稍微科学的语言,我们是用地球的自转周期来定义时间的,基本单位是"天"。另有人认为,我们也可以用月亮的阴晴圆缺来定义时间,或者说用月亮的自转或公转周期定义"月"。日晷已经考虑了太阳照在杆子上阴影长度的周期变化,这是地球的公转周期,我们可以用来定义"年"。也就是说,又找出全年正午的竹竿阴影最短的那天,定义为夏至,而最长的那天定义为冬至。

随着科学的发展,人们用更加精确的手段来定义时间了,最著名的当然是钟摆了。如果钟摆的发明有专利,那么它一定是最贵的专利了。现在最准确的是用电子震荡,或者说用光走过的路程来定义时间。上面的各种定义都基于一些假设,如日出行为是周期的,地球自转是周期的,公转是周期的,钟摆运动是周期的,电子震荡是周期的。这里的周期是指稳定的周期。时间的越来越精确的定义来源于我们发现了越来越稳定的周期行为。日出的周期不如日中的周期来得稳定,竹竿阴影不如钟摆来得稳定,地球公转周期不如电子震荡来得稳定。这里有一个根本的问题:

**问题**:电子震荡就一定是完全稳定的吗?

回到公鸡叫鸣,显然不是周期的,这个鸡与那个鸡叫的也不同。钟摆是稳定的吗?学了点数学后知道,钟摆放在不同高处周期是不同。放在北极与赤道处也是不同的。那么什么是标准呢?我们可以定一个标准吗?由于大英帝国的实力,世界通用格林尼治时间,这只是每天零点的标准。我们处在东8区,那么北京时间的零点要比格林尼治时间早8小时。这是另外一个概念、另外一个标准。这是时间原点的标准,不是时间长度的标准。我们不妨假设在格林尼治做了两个一模一样的钟摆,譬如讲每秒摆一次。作为时间长度的标准。一个就放在格林尼治,一个拿到北京来作为标准时间的分身。过一段时间后你就会发现在北京一天就不是 $24 \times 60 \times 60$ 秒了。是这个钟摆坏了吗?拿回格林尼治与那边的那个比较,它们的摆周期还是一样的,但总的摆的次数就已经不一样了。简单地说,放在格林尼治与放在北京摆的周期是不一样的。时间度量与空间度量不同。空间度量可以做一些标准尺(米),分发到各地以统一度量衡。时间度量在某地制作的标准时间钟表,分发到各地它们会闹独立,各行各事。你从瑞士买来一个名表,回到国内,你就要调整摆的长度,这样在国内才能走得准。你们会说,电子震荡的钟表不会。我要告诉你,那只是你还没有发现,还没有感觉到。

重量单位也是如此,一立方米纯净水定义为 1 000 千克。但是水有热胀冷缩,你说在标准温度下的不就得了吗?因为温度又是用汞或酒精(墙上的温度计用的是酒精,热胀冷缩度比水大一些)的体积来度量的。也就是说,重量与温度都是用空间来定义,但定义标准重量需要标准温度,定义标准温度又需要标准重量。这里就有了先有鸡还是先有蛋的问题。

曾经与一些物理学家讨论过这样的问题,光速是稳定的常数吗?他们说可以测量,得到的结果证明,光速是稳定的常数。那么我就又问了一个问题:怎么测量的?测量时时间是怎么定义的?事实上,测量光速是常数,是在假设光速是常数的基础上证明光速是常数。这是一种循环论证。这里还引出了一个更加基本的问题:

**问题**:我们是用空间来(光跑的路程,地球的公转路程)定义时间的。时间是可以用空间来定义的吗?

根本的我们无法定义脱离空间的时间或者说上帝的时间。我们只能用我们所看到的一个看起来比较稳定的周期现象来定义时间。这样就一直陷于一个循环论证的魔圈。从一开始认为日出是有稳定周期的,到现在认为光速或电子震荡周期是稳定的常数,难道不是一直这样吗?但根本的问题是,有绝对稳定的周期现象吗?

对于第一个问题,如果我们发现了更为稳定的物理现象,那么就又可以提高时间度量的准确性了。对于第二个问题,那就属于哲学的范畴了。时间是用来度量事件的,本来应该脱离具体的事件。但是没有办法,我们只能与某种标准事件发生的周期比较,现在我们比较的标准对象是光速。

再回到数学表示上,$\sin(t)$ 是周期的。但会不会我们看到的实际上是 $\sin(t\times\exp(t/c))$?这里 $c$ 是光速。读者也可以画一下 $\sin(t)$ 和 $\sin(t\times\exp(t/c))$ 在 $t\in(-10,10)$ 的图像,可以说它们是完全一样的,而后一个显然不是周期的,但我们很有可能误以为是周期的!如果真实电子振荡是 $\sin(t\times\exp(t/c))$,那么振荡周期会越来越短,而如果是 $\sin(t\times\exp(-t/c))$,那么振荡周期会越来越长。

宇宙大爆炸理论是大家熟悉的。那么人们是怎么感受到我们的宇宙是在爆炸状态呢?我们是怎么测量到遥远的星球还在远离我们呢？测量技术很简单，我们发现发一个光波，发现回波的周期变长了。所谓"红移"，就是光谱向红的方向移动了，或者说光波的周期变长了。那么会不会光波本来就不是完全周期的，而是随着时间在逐渐变长呢？

这就要讨论时空的数学表示了，通常我们把它叫做四维时空。那么这四维是哪四维呢？一个简单的方法是将时间添加（数学上叫张量积）到三维空间上，即$(x, y, z, t)$。这样成为四维空间。那么一个基本的问题就来了：空间方向是可以任意移动的，数学上叫做平移不变的。但时间过了就过了，回不到从前。我们在介绍三维空间质点时就已经指出，是不可以这样随性添加的。四维质点应该用格拉斯曼（Grassmann）坐标，即$(mx, my, mz, m)$，这样才能保持质量空间的结构与运算。或者说，加法、数乘有明确的物理意义。还有一个问题：时间是用秒还是用小时作为单位度量，空间是用米还是用千米作为单位？有人认为这不是什么问题，这只是时间上的拉伸与压缩。可是你应该注意到，时间换了一种度量，那么原来垂直的向量就可能不垂直了。简单地说，如果你想建立四维时空，那么时间上与空间上应该采用一样的度量单位或量纲。就好像你不能在$x$方向用"米"，而在$y$方向用"尺"，这样你就不好度量$(x, y)$空间上两点的距离。爱因斯坦（Albert Einstein，1879—1955）建议：在时间上用$ct$，这里$c$是光速，不是一个简单常数，是有物理意义的，有量纲"长度/时间"的。这时四维时空上的度量单位或者量纲都是一样的了、统一了，都是空间度量单位或量纲了。这是狭义相对论的基础。爱因斯坦与数学家闵科夫斯基（Hermann Minkowski，1864—1909）讨论了这个问题，闵科夫斯基经过仔细计算，建议用$ict$。爱因斯坦就是在此基础上发展了广义相对论。在三维空间你可以用一把尺子，度量任何方向的距离，现在在时间轴方向，量纲是一样的了，但你无法将尺子移过去，这是一个虚的方向，所以要将$ct$改成$ict$。这也就是为什么，爱因斯坦狭义相对论推导出，在接近光速飞行时，尺子会变短的原因。因为运动时尺子是放在闵科夫斯基四维时空的。静止时尺子躺在我们看得见的三维实空间里。而在高速运行时,尺子不是一直平行于三维实空间的,会有些倾斜,这样在我们看得到的三维实空间的投影就变短了。而在时间虚空间的投影,尺子在变长,但是闵科夫斯基告诉我们,在闵科夫斯基四维时空,尺子的总长度还是保持不变,或者说,我们本来就是假设一把定长的尺子,在闵科夫斯基四维时空移动,而在人们眼中,长度在发生变化。

时间度量是非常主观的,是我们感觉或者想象出来的。一开始是靠公鸡打鸣感觉,现在靠光走的路程感觉。有一种说法,年纪大的觉得时间过得很快,而年纪小的觉得时间过得慢。很多人都有这样一种感觉,随着年龄的增大,时间流逝的速度越快。小朋友感觉时间非常缓慢,而老年人却觉得时间倏然而逝。小时候我们回忆一年前的事情便感觉发生了很久很久,而老年人一说起从前便是以10年为单位,并且恍若昨日。

西方一些心理学家有这样一种解释,非常有趣。对一个5岁的孩子来说,一年是他们一生的五分之一;而从5岁到6岁,一年是他人生的六分之一……而对一个50岁的人来说,一年只是他们一生的2%。1877年,珍妮特提出这种"比例原理",表明我们正在不断地将时间间隔与我们已经度过的全部时间数量相比较。这是我们每个人的事件记忆,与他自己的标准时间在做比较。我们也可以把它叫做自我时间相对论。

在生物遗传基因突变的计算中,我们经常用"代"(好像也是一种周期)来作为标准的时间单位的。但是,对于蝴蝶(一年可能有好几代),和乌龟(好几十年才一代),时间的标准是不一样的。当然,有些病毒一秒钟就有好几代。我们可以这么认为,会有大概率的可能,即这种病毒一百年前与现在已经产生了许多变异,而100年前的大象与现在的就没有什么不同。这是说,对于我们观察对象的不同,时间也是不同的,或者说相对的,这是对象时间相对论。在下一篇文章里,我们将更加仔细地来讨论这类问题。

对于时间函数或者说记录历史的函数 $f(t)$,从 0 到 $t$ 积分。我们可以把它看作记忆,是历史事件的总和。把它再积分几次($n$ 次,反复回忆),那么用数学归纳法可以写成

$$\int_0^{t_n} \cdots \int_0^{t_2} \left( \int_0^{t_1} f(t_0) \mathrm{d}t_0 \right) \mathrm{d}t_1 \cdots \mathrm{d}t_{n-1}$$
$$= \int_0^t f(s)(t-s)^{n-1} \mathrm{d}s \cdot \frac{1}{(n-1)!} \, \text{。}$$

也就是说,过去的事件因被反复回忆而有较大的权,近期事件因回忆次数较少只有较小的权。这也是老年人能记得很久以前的事,而反而忘了今天早上的事情的原因。所以有句老话说:好汉不提当年勇。一个人如果经常沉浸在过去的荣耀中,那么可能离老年痴呆也就不远了。

复旦大学数学科学学院　吴宗敏

# 时间的定义 2

在 10 岁刚出头时,新居 10 米宽的马路对面有个与我年龄相仿的女孩。每天早上我们几乎同时出门,互相点头微笑,然后各奔东西去各自的学校。小男孩羞怯,小女孩矜持,我总认为我们是同时点头微笑的。反正她不与我打招呼,我是不敢与她打招呼的。而她看上去是那么的高贵漂亮,也没有与我先打招呼的理由。所以我说的是"同时"地点头微笑。

后来知道了光的速度是每秒 30 万公里,一下子自信心爆棚,原来她还是早我三千万分之一秒点头笑了。

对吗?

当然!这就是相对论。

如果马路再宽些,就算 30 万公里吧。那么她必须早我一秒先点头微笑,我才会觉得我们是在同时地点头微笑。牛郎和织女呢?如果我与这位女孩的距离相差 10 个光年,那么我觉得我们是"同时"地在点头微笑,事实上她要比我早笑 10 年。可那个时候我还是一个婴儿,是不会背着书包出门上学的。

她是对着我笑吗? 她是对着谁笑呢?

如果她也是因为看到一个年龄相仿的男孩而"同时"点头微笑,那么这个男孩应该比她还要早笑 10 年,是在 20 年前站在我现在的位置上。

那小孩肯定不是我，他更有可能是我父亲小时候。

关键的问题是什么叫时间？什么叫现在？一个我们姑且把它叫做上帝的时间，也就是通常我们的理解："在同一时刻，别人在干什么？或者说大家在干什么？"但我们对时间还有另外一种概念："在这个时刻我看见别人在干什么？"对于发生在上帝的时空里的事件，好像一个长萝卜，长度方向就是时间方向。要知道某一时刻世界是什么样的，只要在这个时间点用刀垂直地切下去，截面就显示了这个时刻世界的样子。但我们人类还有另一个时间的概念，就是在这个时刻我看见了什么？就像本文开始的例子，这是我的时间。我在切那个萝卜时，用的那把刀不是平的，不是欧几里得（Euclid）的，是一个以我为中心、微微突起的锥面，好像是用卷笔刀卷的。牛顿（Isaac Newton，1642—1727）没有注意到这些，他把两种时间概念混淆了。因为不注意的话这个锥面看起来就像平面，要到半径 30 万公里外才能发现时间相差了一秒。更加困惑的问题是，后一种概念是因人而异的，每个人都把那个卷笔刀的中心放在自己的位置上。爱因斯坦（Albert Einstein，1879—1955）说：为了放大这个现象，我们建立一个坐标$(x, ct)$。这里，$c$ 是光速。这样把时间轴添加上去，才有了一致的度量，都可以用空间的度量（譬如，米或千米）了。卷笔刀卷出来的是一个顶角为 90°的三角形。

什么叫现在？上帝的现在就是 $x$ 轴，而我的现在或者说我现在我看到的是 $-|x|$ 上的图像，然后，我又将它投影到上帝的现在上来测算距离。

我们拍一张夜空的照片，这是星空的现况吗？不是！是牛郎星在 10 多年前的位置、织女星在 20 多年前的位置。每颗星都在不同的上帝时间点上，但是它们都在我的时间的同一个时间点上。然后，我们又将这张图像投影到上帝的现在的空间上。

那么到底应该采用上帝的时间，还是我的时间呢？我能看见牛

郎星现在的状况吗？不能！所以我当然只能采用我的时间，而你也只能采用你的时间。我现在看到的是落在$-|x|$的图像上的事件，而你现在看到我，是因为你落在我的$|x|$图像上。也就是说，我看到的都是在上帝的时间里过去的事件，就如看新闻，实际上都是已经发生的事情，即使是直播。反之，你看见我，那也一定是我在过去的行为。

如果大家都往回退一天，那么我是在昨天的同一个时间、同一个地点与那位女孩同时点头微笑，虽然可能在上帝的时间里相差了10多年。那如果我们之间还有相对运动呢？譬如，她每天在向我靠近（如图1），那每天我应该可以睡个懒觉再出门也不迟，同样可以与她同时出门，点头微笑，这就是钟变慢了。当然，如果她正在远离我呢，那每天我应该更早些起床，才能与她同时出门而点头微笑。或者这么说，在上帝的时间度量中，如果她每隔一天可以见到我，而如果她采取行动，快速地靠近我，那么我下一次见到她则不需要一天。这是

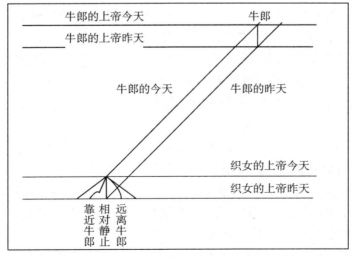

图1　不同的时间标准

说，如果她感觉她可以每天早上出门见我一次，而我可能在放学回家时又看到她第二次出门上学了。

  细心的读者会问，反过来呢？她靠近我不就等于我靠近她吗？怎么她就只能每天见我一次，而我却可能每天见她多次？回答是：她没看到现在的我，她只能看到 20 多年前的我。所以追人是辛苦的，而被人追是幸福的。当然，追人或者被人追也只是你个人的看法、个人的感觉而已。最好的办法是去追人，这样你才会获得被人追的感觉。

  上面的讨论说明，我的昨天可能不是她的昨天，如果她靠近我，我的昨天可能是她的前天甚至更前天。反过来，你去追她，靠近她，那么下一次你会更早地见到她。

  一个有趣的问题是：既然我的昨天不是她的昨天，那么我的过去是否也有可能不是她的过去呢？我是否可以在过去看到她的现在或将来呢？

  站在原点，现在我们可以看到的是 $-|x|$ 那个向后的等腰三角形（锥面，如果时空是两维的）上的事件。如果时间倒退着，由于我们的速度不能超过光速，所以我们只能在 $-|x|$ 的内部运动。运动到某点，该时我们可以看到以该点为顶点、顶角为 90° 的一个等腰三角形上的事件。如果时间可以无限地倒退回去，那么我们可以看见所有的 $-|x|$ 内部的事件。反过来，时间向前延伸，所有的 $|x|$ 内部的事件当事者都有机会看到我们。

  所以从图像看，只要在上帝的时间里相对地被认为是过去的事件，在牛郎或织女的时间里也会被认为是相对的过去。每个人在 $(x, ct)$ 的空间中，走的都是一条斜率大于 1 的曲线。这也告诉我们，我们是不能回到我们自己的过去的，我们也不能在过去看到别人的将来。换一个地点也不行，除非你能超过光速飞行。

  现在假设有一把 15 万公里长的尺子放在上帝的时间里（见图 2 左）比较现在与一秒钟前的位置。如果尺子静止不动，那么在 $(x, ct)$

空间里这个事件被描绘成是一个高为 $c$、宽为 $c/2$ 的长方形,现在我可以看到的就是这把尺子(那个长方形)在我的现在上的截线。然后,我们想象着它在上帝的现在的位置,就是再投影到上帝的现在那条直线上。结果是准确的,那么这把尺子的长度为 $c/2$。如果这把尺子以每秒 15 万公里速度向右移动(见图 2 右),那么这个事件在 $(x, ct)$ 空间里被描绘成一个平行四边形。在我的现在上的截线,它要比静止时来的短。

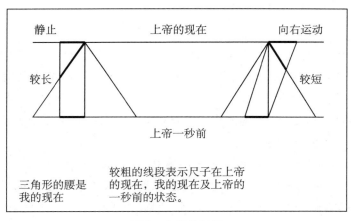

图 2　上帝的时间

这就是爱因斯坦相对论的来源,爱因斯坦与闵科夫斯基讨论了这个问题。闵科夫斯基建议空间用 $(x, ict)$,从而可以定义下面的两个事件的时空间隔。

如果织女与牛郎有速度为 $v$ 的相对运动,甚至在爱因斯坦之前,洛伦兹(Hendrik Antoon Lorentz,1853—1928)就给出了对同一事件,织女与牛郎对这个事件的不同的描述,称为洛伦兹变换:同一事件,在牛郎的坐标系 $K$ 与织女的坐标系 $K'$ 之间,时空坐标 $(x, ct)$ 与 $(x', ct')$ 的关系为

$$\begin{bmatrix} x' \\ t' \end{bmatrix} = \begin{pmatrix} \dfrac{x-vt}{\sqrt{1-v^2/c^2}} \\ \dfrac{t-vx/c^2}{\sqrt{1-v^2/c^2}} \end{pmatrix}.$$

在洛伦兹变换下,时间与空间是相互关联的。因此,"同时"是相对的,"长度"与"时间"也是相对的。在牛郎的坐标系 $K$ 下,设两个不同事件 $P_1$ 与 $P_2$ 的时空坐标分别为 $(x_1, ct_1)$ 与 $(x_2, ct_2)$,那么在闵科夫斯基空间意义下这两个事件的时空间隔应该是

$$\Delta S = \sqrt{(x_2-x_1)^2 - c^2(t_2-t_1)^2}.$$

注意,在时空间隔的表达式中,根号内的值通常是负的,时间坐标与空间坐标前面的符号正好相反。这是因为时间与空间本质上是不同的。上述时间间隔实际上是将时间坐标虚化,然后将闵科夫斯基空间中事件 $(x, ct)$ 的坐落由位置向量 $(x, \mathrm{i}ct)$ 到原点的"欧氏距离"来确定,这个值称为洛伦兹不变量。

从个人癖好来看,我更喜欢虚化 $x$,可以讨论 $(\mathrm{i}x, ct)$ 空间。在这个空间,距离的平方就是负的洛伦兹不变量中根号内的值,它是正的!如果上述两个事件分别描述的是一个动点的起点与终点。那么在 $(\mathrm{i}x, ct)$ 空间距离大于零就等价于速度小于 $c$!你要问我为什么速度小于光速,我只要反问,为什么距离的平方大于零?

当然,下面我们还是用洛伦兹原来的记号。同样,可以在织女的坐标系 $K'$ 中来讨论这两个事件的时空间隔。设事件 $P_1$ 与 $P_2$ 的时空坐标分别为 $(x_1', ct_1')$ 与 $(x_2', ct_2')$,则相应的时空间隔为

$$\begin{aligned}
\Delta S' &= \sqrt{(x_2'-x_1')^2 - c^2(t_2'-t_1')^2} \\
&= \sqrt{\left(\dfrac{x_2-vt_2}{\sqrt{1-v^2/c^2}} - \dfrac{x_1-vt_1}{\sqrt{1-v^2/c^2}}\right)^2 - c^2\left(\dfrac{t_2-vx_2/c^2}{\sqrt{1-v^2/c^2}} - \dfrac{t_1-vx_1/c^2}{\sqrt{1-v^2/c^2}}\right)^2}
\end{aligned}$$

$$= \sqrt{(x_2-x_1)^2 - c^2(t_2-t_1)^2}$$
$$= \Delta S。$$

上式说明这样定义的时空间隔在洛仑兹变换下是不变的。

那么,为什么牛郎与织女在各自的坐标系对同一事件的描述只相差一个洛仑兹变换呢? 这是因为相对论有两个基本的假设:

(1) 相对性原理:在所有的惯性系中,物理定律的数学表达形式都相同;

(2) 光速不变原理:在所有的惯性系中,光在真空中的传播速率是同一常数 $c$。

牛郎与织女相会时,坐标原点 $O$ 与 $O'$ 重合。这时,原点向外发出一束光。在牛郎的坐标系 $K$ 下,光以速率 $c$ 向各个方向传播,即 $|x|=ct$, $x^2-(ct)^2=0$。根据光速不变原理,在织女的坐标系 $K'$ 下,光也是以速率 $c$ 传播的,因此

$$x'^2-(ct')^2=0。$$

相对性原理告诉我们,当牛郎看来是作匀速直线运动的物体在织女看来也是作匀速直线运动的,因此 $(x', t')$ 与 $(x, t)$ 只能相差一个线性变换:

$$\begin{bmatrix} x' \\ t' \end{bmatrix} = \begin{bmatrix} L_{11} & L_{12} \\ L_{21} & L_{22} \end{bmatrix} \begin{bmatrix} x \\ t \end{bmatrix}。$$

并且 $x^2-(ct)^2 = x'^2-(ct')^2$。于是,线性变换应具有下面的形式:

$$\begin{bmatrix} x' \\ ct' \end{bmatrix} = \begin{bmatrix} \cos h\theta & -\sin h\theta \\ -\sin h\theta & \cos h\theta \end{bmatrix} \begin{bmatrix} x \\ ct \end{bmatrix},$$

其中 $\theta$ 是常数,而

$$\cos h\theta = \frac{e^\theta + e^{-\theta}}{2}, \quad \sin h\theta = \frac{e^\theta - e^{-\theta}}{2}$$

是双曲函数。

显然,牛郎的坐标系 $K$ 下观测到织女的坐标系 $K'$ 下的 $x'=0$ 的各点的速度为 $v$,即 $x'=0$ 并且 $dx/dt=v$。这时,我们可以唯一确定常数 $\theta=\tanh^{-1}\left(\dfrac{v}{c}\right)$,再代回到线性变换的表达式,我们即可得到洛伦兹变换的表达式。

洛伦兹变换中出现了 $\sqrt{1-v^2/c^2}$。这个出现在分母中的根式只有在 $v<c$ 的时候才有意义。也就是说,在相对论的框架下,物体的运动速度是不能超过光速的。这是由相对论的两个基本假设得到的推论。

如图 3 所示,按照时间间隔的符号,时空分为几个区域。光的运动满足方程 $x^2-(ct)^2=0$,以它为母线构成一张锥面。光锥以内的

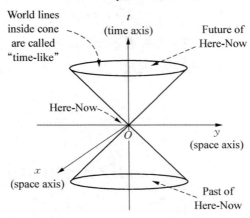

图 3　时空被分成的几个区域

图片来源:

http://www.bibliotecapleyades.net/ciencia/time_travel/esp_ciencia_timetravel01.htm

区域称为类时区,其中的点与原点 $O$ 的时空间隔为类时,它们之间可以通过(小于光速的)信号联系。类时区有两个不连通的分支,$t>0$ 的部分表示将来,$t<0$ 的部分表示过去。光锥以外的部分则称为类空区。在此区域的事件与原点 $O$ 所代表的事件是非关联事件,它们之间不可能通过正常的信号进行联系。

我们已经知道,时间与空间是相对的而不是绝对的。进一步要问,事件发生的先后或者说时序,可以颠倒吗?举一个例子:分别用 $p_b$ 与 $p_d$ 表示同一个人出生与死亡这两个事件。假设在某个固定的坐标系 $K$ 中,$p_b$ 与 $p_d$ 的时间坐标分别是 $t_b$ 与 $t_d$。因为出生总是先于死亡,于是,我们有 $\Delta t = t_d - t_b > 0$。如果我们换一个坐标系 $K'$,记 $p_b$ 与 $p_d$ 在新的坐标系 $K'$ 下的时间坐标分别是 $t_b'$ 与 $t_d'$。是否可能出现 $\Delta t' = t_d' - t_b' < 0$?在新的坐标系 $K'$ 下,是否可能发生死亡"先于"出生?

在惯性坐标系 $K$ 中,死亡发生在出生之后,即死亡事件 $p_d$ 是出生事件 $p_b$ 的将来事件。用数学的语言表述为

$$(x_d - x_b)^2 - c^2(t_d - t_b)^2 < 0,$$

并且

$$t_d - t_b > 0。$$

我们不妨假设 $x_d > x_b$。我们有,$x_d - x_b < c(t_d - t_b)$ 及 $t_d - t_b > 0$。假设另一个惯性坐标系 $K'$ 与 $K$ 系的相对速度是 $v$,那么由洛仑兹变换式,有

$$x_d' - x_b' = \frac{(x_d - x_b) - v(t_d - t_b)}{\sqrt{1 - v^2/c^2}},$$

$$t_d' - t_b' = \frac{(t_d - t_b) - v(x_d - x_b)/c^2}{\sqrt{1 - v^2/c^2}}。$$

如果 $t_d' < t_b'$ 或者 $t_d' = t_b'$,那么必将导致

$$v \geqslant \frac{c^2}{\frac{x_d - x_b}{t_d - t_b}} \geqslant c。$$

然而,超光速是不可能发生的。

因此,在所有的惯性系中,死亡事件都要比出生事件迟发生,它们发生的顺序是不会颠倒的。也就是说,因果事件的时序是绝对的。

复旦大学数学科学学院　吴宗敏　谢纳庆

# 为什么古希腊三大几何作图问题不可解
## ——兼论什么样的正多边形可以尺规作出

## 一、引言

尺规作图就是以没有刻度的直尺和圆规为工具,在一定已知条件下有限步内作出要求的几何图形。因为没有刻度,所以用直尺只能作一条过两点的直线(或者线段),用圆规可以作以一个已知点为圆心、以已知长度为半径的圆(或者圆弧),当然这也等价于作以一已知点为圆心、过另一已知点的圆。

尺规作图是初等平面几何的基本问题之一。大家可以再回想一下,我们在初中学习平面几何时都作过什么图形? 我们可以将给定的一条线段任意 $n$ 等分,我们还会作过直线外的一点与已知直线平行的直线或者与已知直线垂直的直线(当然作垂线时,这个已知的点也可以在直线上),会作一个给定角的角平分线,我们还会作正三角形、正六边形。实际上,当笔者读初中时,教材里就有如何作正五边形的方法。

古希腊时期有 3 个非常著名的几何作图问题,第一个是立方倍积,即任意给定一个立方体,要作一个体积是给定立方体体积 2 倍的立方体;第二个是三等分角,即将一个任意给定的角三等分;第三个叫化圆为方,即任意给定一个圆,作一个正方形,使得两者的面积相等。这 3 个作图问题都要求用尺规作图,有着悠久的历史,吸引了很多著名数学家进行研究,但直到问题提出 2 000 多年之后的 19 世纪才得以解决。人们应用了代数的方法,获得的答案是这 3 个问题都不可能用尺规作图作出来。这样的结论用几何的方法估计是证明不了的,我们想一想,证明这样的作图不可能,就是说找不到用尺规作出这 3 个图的方法,注意到这并不等于说还没有找到,而是说一定不可能找到。本文的目的就是说明这些问题最后是如何解决的,同时,还要论述什么样的正多边形可以尺规作出。

首先声明,由于本文说的都是尺规作图,所以下面为简单起见,我们就称其为作图。

## 二、尺规作图图形的刻画

如同上面所提及的古希腊三大几何作图问题,尺规作图要在已知的一些初等平面几何图形(即点、直线、圆)的基础上作出新的图形,那么什么样的图形可以作出呢? 在平面上建立直角坐标系,即指定原点和坐标轴,还指定单位长度(即长度 1),那么几何图形点、直线、圆都可以归结为实数(即线段的长度):点由它的坐标确定,直线由其上两点确定,圆由圆心和半径(或由圆心和圆上一点)确定。由于可以定义线段的方向,长度为正实数 $a$ 的线段的反方向线段的长就定义为 $-a$,所以我们定义一个实数 $a$,可以作出若长度是 $|a|$ 的线段。任一复数 $z = a + bi$ 对应着平面直角坐标系上坐标为 $(a, b)$ 的点,其中 $a, b$ 为实数,从而作出复数 $z = a + bi$ 就等价于作出点 $(a, b)$,也等价于作出实数 $a$ 和 $b$,所以我们定义复数 $z = a + bi$ 可以作出当且仅当其实部和虚部,即实数 $a$ 和 $b$ 都可以作出。这样,尺规作图的问题就转化为:已知一些数,作出所要求的数。注意到实数 1(即单位长度)总是知道的。

在立方倍积问题中,设给给定立方体的边长为 1,则所作立方体的体积为 2,其边长为 $\sqrt[3]{2}$,所以立方倍积问题就是要作出实数 $\sqrt[3]{2}$。在三等分角问题中,设所给定的角为 $\alpha$,要求作出 $\theta = \dfrac{1}{3}\alpha$。容易知道,作出角 $\alpha$ 当且仅当作出实数 $\cos\alpha$。利用三角函数中三倍角公式 $\cos 3\theta = 4\cos^3\theta - 3\cos\theta$,记 $a = \cos\alpha = \cos 3\theta$,则三等分角问题就转化为已知(或作出)实数 $a$,作出数 $b$ 使其满足 $4b^3 - 3b = a$。在化圆为方问题中,还是设给定圆的半径为 1,则所求圆的面积为 1,得到它的半径为 $\sqrt{\pi}$,故此问题即作出实数 $\sqrt{\pi}$。

利用中学的几何作图知识,容易证明下面的结果。

**命题 1** 给定数 $a$ 和 $b$,则可以作出数 $a+b$,$a-b$,$ab$ 和 $\dfrac{a}{b}(b \neq 0)$。

**证明** 首先假设 $a$ 和 $b$ 都是实数。能作出 $a+b$ 和 $a-b$ 是显然的。下面看 $ab$ 的情形,而 $\dfrac{a}{b}(b \neq 0)$ 的情形是类似的。

过任意一点 $O$ 作两条不重合的射线,在一条射线上顺次作出 $A$,$C$ 两点,使得线段 $OA$ 的长度为 1,线段 $AC$ 的长度为 $b$,在另一条射线上作出点 $B$,使得线段 $OB$ 的长度为 $a$。连接 $AB$,过点 $C$ 作 $CD$ 平行于 $AB$ 交射线 $OB$ 于点 $D$,则线段 $BD$ 的长度就是 $ab$,即我们作出数 $ab$,如图 1(1) 所示,作出 $\dfrac{a}{b}$ 的过程如图 1(2) 所示。

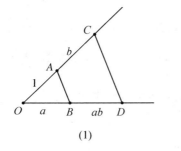
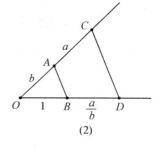

图 1 实数积与商作图法

由于两个复数的加、减、乘、除就是通过它们的实部和虚部作加减乘除四则运算得到的,所以当 $a$ 和 $b$ 为任意复数时结论依然成立。□

设 $F$ 是复数集 $\mathbb{C}$ 的一个子集,$1 \in F$,且 $F$ 对加、减、乘、除(除数不为 0)四则运算封闭,即对任意 $a, b \in F$,都有 $a+b, a-b, ab \in F$ 且当 $b \neq 0$ 时,$\frac{a}{b} \in F$,则称 $F$ 为一个数域。显然有理数集 $\mathbb{Q}$、实数集 $\mathbb{R}$ 和复数集 $\mathbb{C}$ 都是数域,分别称之为有理数域、实数域和复数域,又容易看出任何数域都包含有理数域。在作图时,由于单位长度 1 总是知道的,再由命题 1,我们得到所有可作出的数构成的集合是一个数域,从而所有的有理数都可以作出。

**命题 2** 给定数 $a$,则可以作出数 $\sqrt{a}$。

**证明** 先假设 $a$ 为正实数。作一条线段 $AB$ 使其长度为 $a+1$,在 $AB$ 上作点 $D$,使得 $AD = a$(则线段 $DB$ 长为 1)。以 $AB$ 为直径作半圆(这当然可以做到,先作出线段 $AB$ 的中点 $O$,再以 $O$ 为圆心经过点 $A$ 作出半圆即可)。经过点 $D$ 作 $AB$ 的垂线与半圆交于点 $C$,则线段 $CD$ 的长度就是 $\sqrt{a}$,即我们作出了数 $\sqrt{a}$,如图 2 所示。

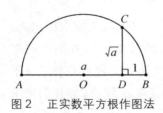

图 2　正实数平方根作图法

若 $a$ 为负实数,则 $\sqrt{a}$ 为复数 $\sqrt{-a}\mathrm{i}$。由上面证明知道实数 $\sqrt{-a}$ 可以作出,故 $\sqrt{a}$ 可以作出。

若 $a$ 为复数,设其模长为 $r$,辐角为 $\phi$,即 $a = r(\cos\phi + \mathrm{i}\sin\phi)$,则 $\sqrt{a} = \sqrt{r}\left(\cos\frac{1}{2}\phi + \mathrm{i}\sin\frac{1}{2}\phi\right)$。复数 $a$ 的模长 $r$ 为非负实数,上面已证明 $\sqrt{r}$ 可作出。给定角 $\phi$,作它的角平分线可以作出角 $\frac{1}{2}\phi$,故可以作出数 $\sqrt{a}$。□

注意到一个二次方程有两个根,本文中的记号 $\sqrt{a}$ 表示的是方程

$x^2 = a$ 两个根中的任何一个。命题 2 是说若数 $a$ 可作出,则方程 $x^2 = a$ 的两个根都可以作出。

由命题 1 和 2 可知,如果数域 $F$ 中的每个数可作出,则对任意的 $a, b, k \in F$, 形如 $a + b\sqrt{k}$ 这样的数也可以作出。对于给定的 $k \in F$, 记

$$F(\sqrt{k}) = \{a + b\sqrt{k} \mid a, b \in F\},$$

上面的结论就是说若数域 $F$ 中的每个数可作出,则对任意的 $k \in F$, $F(\sqrt{k})$ 中的每个数也可作出。容易验证,对任意的 $k \in F$, $F(\sqrt{k})$ 是一个数域。显然若 $\sqrt{k} \in F$, 即 $k$ 为 $F$ 中某个数的平方,则 $F(\sqrt{k}) = F$, 若 $\sqrt{k} \notin F$, 则 $F(\sqrt{k})$ 真包含 $F$, 这时称 $F(\sqrt{k})$ 为数域 $F$ 的一个二次扩张。

利用上面的结论,我们容易得到下面这个可作出数的充分条件。

**定理 1** 设 $n$ 为自然数,若存在一个数域的有限升序列

$$\mathbb{Q} = F_0 \subset F_1 \subset F_2 \subset \cdots \subset F_n,$$

其中 $\mathbb{Q}$ 是有理数域且对每个 $j$, $j = 0, 1, \cdots, n-1$, $F_{j+1}$ 是 $F_j$ 的二次扩张,则 $F_n$ 中的每个数均可作出。

**证明** 对 $n$ 做归纳。由于 $F_0$ 为有理数域,故 $n = 0$ 的情形是显然的。设 $n = r$ 时结论成立,即 $F_r$ 中的每个数均可作出,则当 $n = r + 1$ 时,$F_{r+1}$ 为 $F_r$ 的二次扩张,即存在 $k_r \in F_r$ 使得 $F_{r+1} = F_r(\sqrt{k_r})$。由上面的讨论知 $F_{r+1}$ 中的每个数均可作出。由归纳法原理,结论对任意自然数 $n$ 都成立。□

定理 1 的条件是否为必要的? 为此我们需要一点解析几何知识。设 $F$ 是一个数域,$F$ 的平面即为集合 $F^2 = \{(x, y) \mid x, y \in F\}$。例如,有理平面就是由横纵坐标都是有理数的点构成的集合,实平面(或几何平面)就是 $\mathbb{R}^2$。数域 $F$ 上的一条直线指的是过 $F$ 的平面上

两个点的直线,而 $F$ 上的圆就是圆心和圆周上某个点都在 $F$ 的平面上的圆。

**命题 3** 设 $F$ 为数域,则 $F$ 上的直线的方程一定形如 $ax+by+c=0$,其中 $a,b,c \in F$ 且 $a,b$ 不全为 $0$,而 $F$ 上的圆的方程一定形如 $x^2+y^2+dx+ey+f=0$,其中 $d,e,f \in F$。

**证明** 设 $F$ 上的直线经过 $(x_1, y_1)$ 和 $(x_2, y_2)$ 这两个点,其中 $x_1, x_2, y_1, y_2 \in F$。如果 $x_1 = x_2$,则直线方程就是 $x - x_1 = 0$,即 $a=1, b=0, c=-x_1$ 的情形。如果 $x_1 \neq x_2$,则此直线方程为

$$\frac{y-y_1}{x-x_1} = \frac{y_2-y_1}{x_2-x_1},$$

即 $(y_2-y_1)x + (x_1-x_2)y + (y_1 x_2 - x_1 y_2) = 0$,这也是所要求的形式。

设 $F$ 上的圆的圆心为点 $(x_1, y_1)$,圆周上一点是 $(x_2, y_2)$,其中 $x_1, x_2, y_1, y_2 \in F$,则此圆的方程为

$$(x-x_1)^2 + (y-y_1)^2 = (x_2-x_1)^2 + (y_2-y_1)^2,$$

整理得

$$x^2 + y^2 - 2x_1 x - 2y_1 y + (2x_1 x_2 + 2y_1 y_2 - x_2^2 - y_2^2) = 0,$$

就是所要求的形式。 □

尺规作出的数,或为线段的长度,或为点的坐标,而作出线段也即作出它的端点。那么尺规作图得到的点是怎么来的呢?因为我们只能作直线和圆,所以得到的点只可能是两条直线的交点,或者是直线与圆的交点,抑或为两个圆的交点。

**命题 4** 设 $F$ 为数域,则 $F$ 上两条直线的交点在 $F$ 的平面上,而 $F$ 上的直线与圆的交点或者 $F$ 上的两个圆的交点则或在 $F$ 的平面上或在 $F$ 的某个二次扩张的平面上。

**证明** 设 $F$ 上两条直线的方程分别为 $a_1 x + b_1 y + c_1 = 0$ 和

$a_2x+b_2y+c_2=0$,其中 $a_i, b_i, c_i \in F, i=1,2$。这两条直线的交点坐标就是方程组

$$\begin{cases} a_1x+b_1y+c_1=0, \\ a_2x+b_2y+c_2=0 \end{cases}$$

的解,因为两条直线有交点,故有 $a_1b_2-a_2b_1 \neq 0$,容易解出上面二元一次方程组的解为

$$x = \frac{b_1c_2-b_2c_1}{a_1b_2-a_2b_1}, \quad y = \frac{a_2c_1-a_1c_2}{a_1b_2-a_2b_1},$$

它们是由 $F$ 中的数作加、减、乘、除运算得到的,故依然在数域 $F$ 中。

设 $F$ 上直线和圆的方程分别为 $ax+by+c=0$ 和 $x^2+y^2+dx+ey+f=0$,其中 $a,b,c,d,e,f \in F$ 且 $a,b$ 不全为 $0$。要求它们的交点,需要解下面方程组

$$\begin{cases} ax+by+c=0, \\ x^2+y^2+dx+ey+f=0。 \end{cases}$$

不妨设 $b \neq 0$,则由第一个方程得 $y=-\frac{a}{b}x-\frac{c}{b}$,代入第二个方程并化简得

$$Ax^2+Bx+C=0,$$

其中 $A=a^2+b^2$, $B=2ac+b^2d-abe$, $C=c^2-bce+b^2f$。显然 $A, B, C \in F$ 且一元二次方程 $Ax^2+Bx+C=0$ 的解为 $x=s \pm t\sqrt{k}$,其中 $s=-\frac{B}{2A}$, $t=\frac{1}{2A}$, $k=B^2-4AC$,代入第一个方程求出 $y$ 形如 $s' \pm t'\sqrt{k}$。由于 $s, s', t, t', k \in F$,所以当 $\sqrt{k} \in F$ 时,交点在 $F$ 的平面上,而当 $\sqrt{k} \notin F$ 时,交点在 $F$ 的二次扩张 $F(\sqrt{k})$ 的平面上。

对于 $F$ 上两个圆的交点情形则同理可证。 □

下面定理说明定理 1 中的充分条件也是必要的。

**定理 2** 数 $a$ 可作出当且仅当存在自然数 $n$ 和一个数域的有限

升序列

$$\mathbb{Q} = F_0 \subset F_1 \subset F_2 \subset \cdots \subset F_n,$$

使得 $a \in F_n$，且对每个 $j$，$j = 0, 1, \cdots, n-1$，$F_{j+1}$ 是 $F_j$ 的二次扩张。

**证明** 我们只需证明必要性。假设 $a$ 可作出，自然点 $P = (a, 0)$ 可作出，我们要证明 $a$ 包含在所述的从有理数域 $\mathbb{Q}$ 出发的数域的二次扩张序列中的某个数域 $F_n$ 里，这等价于证明点 $P$ 在 $F_n$ 的平面上。

注意到用尺规作出点 $P$ 包含了有限次的基本操作，每次都得到一个或两个新的点，它们是通过直线与直线、直线与圆或者圆与圆的交点得到的。我们已经有点 $P_0 = (0, 0)$ 和 $P_1 = (1, 0)$，设在作出点 $P$ 的过程中得到的点为 $P_0 = (0, 0)$, $P_1 = (1, 0)$, $P_2, \cdots, P_{m-1}$, $P_m = P$，我们对 $m$ 做归纳来证明存在数域 $K$，使得点 $P_0$, $P_1$, $\cdots$, $P_{m-1}$, $P_m$ 都在 $K$ 的平面上，而 $K$ 是从有理数域 $\mathbb{Q}$ 出发的数域的二次扩张序列中的某一个。

因为 $P_0$ 和 $P_1$ 都在有理平面上，故结论对 $m = 0$ 和 $1$ 成立。设结论对 $m-1$ 成立，即点 $P_0$, $P_1$, $\cdots$, $P_{m-1}$ 都在数域 $L$ 的平面上，而 $L$ 是从有理数域 $\mathbb{Q}$ 出发通过一系列数域的二次扩张得到的，由命题 4，点 $P_m$ 在数域 $L$ 或 $L$ 的某个二次扩张 $K$ 的平面上。显然，数域 $K$ 也是从有理数域 $\mathbb{Q}$ 出发通过一系列数域的二次扩张得到的且点 $P_0$, $P_1$, $\cdots$, $P_{m-1}$, $P_m$ 都在 $K$ 的平面上。 □

定理 2 给出了数可尺规作出这个几何性质与一个从有理数域出发的数域的二次扩张升序列这个代数性质之间的一种等价关系，这是把经典的几何问题转化为代数问题的桥梁。

### 三、数域上的多项式

设 $F$ 是一个数域，$F$ 上的一个多项式就是一个形式表达式

$$a_n x^n + a_{n-1} x^{n-1} + \cdots + a_1 x + a_0,$$

其中 $a_0, a_1, \cdots, a_{n-1}, a_n \in F$，称为多项式的系数，$x$ 是一个符号或者叫不定元，其含义就是一个多项式为 0 当且仅当它的系数全为 0。多项式中的项 $a_i x^i$ 称为第 $i$ 项，其次数定义为 $i$，$0 \leqslant i \leqslant n$，而多项式的次数就定义为其中系数不为 0 的最高项的次数，通常多项式 0 的次数规定为 $-\infty$。

用 $F[x]$ 表示所有以 $x$ 为不定元的数域 $F$ 上的所有多项式构成的集合。中学已经学过多项式的加法和乘法，这里，我们可以同样定义 $F[x]$ 中多项式的加法和乘法，法则相同，所以本文就不一一说明了。因为多项式的加法和乘法的定义法则与中学学过的相同，自然也就有相同的运算性质，比如，两个非零多项式的乘积依然非零，两个多项式乘积的次数等于这两个多项式次数的和，等等。实际上 $F[x]$ 中的多项式的运算性质与整数的运算性质是类似的。比如，多项式之间同样没有除法运算，因为多项式除以多项式的结果就不一定是一个多项式了。但是多项式里边也有带余除法，即任给两个多项式 $f(x), g(x) \in F[x]$，$g(x) \neq 0$，一定存在唯一的 $F$ 上的多项式 $q(x)$ 和 $r(x)$，使得 $f(x) = q(x)g(x) + r(x)$，其中 $r(x)$ 或者等于 0 或者其次数小于 $g(x)$ 的次数，这里的 $q(x)$ 就是用 $g(x)$ 除 $f(x)$ 的商，而 $r(x)$ 就叫余式。所谓整除，就是余式为 0，即称多项式 $g(x)$ 整除多项式 $f(x)$，若存在多项式 $q(x)$，使得 $f(x) = q(x)g(x)$，这时也称 $g(x)$ 为 $f(x)$ 的因式，而 $f(x)$ 为 $g(x)$ 的倍式。同样可以定义两个多项式 $f(x)$ 和 $g(x)$ 的最大公因式就是 $f(x)$ 和 $g(x)$ 的公共因式中的次数最高者。类似地，我们也可以用辗转相除法（或称为欧几里得算法）来求两个多项式的最大公因式。

在整数中起着重要作用的数是素数，即除了 $\pm 1$ 和本身的 $\pm 1$ 倍外不能被其他整数整除的大于 1 的正整数。在多项式集合 $F[x]$ 中，和素数相对应的多项式叫做不可约多项式，即一个次数大于 0 的多项式，其因式只有非零数（即零次多项式）或者是其本身的非零常数倍（这些是每个多项式都有的因式，叫做平凡因式）。我们很容易得到不可约多项式的一个等价说法,即一个多项式不可约当且仅当它不能写成两个次数更低的多项式的乘积。显然 1 次多项式一定是不可约的。注意到一个多项式是不是不可约与它所在的数域有关系,比如,多项式 $x^2-2$ 在有理数域上是不可约的,但是在实数域上它是可约的,因为在实数域上它可以分解成 $x+\sqrt{2}$ 和 $x-\sqrt{2}$ 这两个次数更低的多项式的乘积。

因为尺规作图时出现的数域都是通过有理数域扩张上去的,所以判断一个多项式在有理数域上是否不可约就是一件很重要的事情,当然这也是一个困难的问题,至今还没有找到好用的充要条件。可用下面的艾森斯坦(Eisenstein)判别法来判断一个多项式在有理数域上不可约。

**定理 3(艾森斯坦判别法)** 设 $f(x) = a_n x^n + a_{n-1} x^{n-1} + \cdots + a_1 x + a_0$ 为一 $n$ 次整系数多项式(即系数都是整数),若存在素数 $p$,满足系数 $a_0, a_1, \cdots, a_{n-1}$ 可以被 $p$ 整除,首项系数 $a_n$ 不能被 $p$ 整除,同时常数项 $a_0$ 也不能被 $p^2$ 整除,则多项式 $f(x)$ 在有理数域上不可约。 □

篇幅所限本文就不证明此判别法了。由艾森斯坦判别法,我们得到对任意正整数 $n$ 和素数 $p$,多项式 $x^n - p$ 在有理数域上一定不可约。注意到此判别法只是判断一个多项式在有理数域上不可约的充分条件,它并不是必要的。

特别地,我们考虑有理数域上的 3 次多项式 $f(x) = a_3 x^3 + a_2 x^2 + a_1 x + a_0 \in \mathbb{Q}[x]$,显然 $f(x)$ 可约当且仅当 $f(x)$ 有一次因式,而这又等价于 $f(x)$ 有有理根。怎样判别一个有理系数多项式是否有有理根?怎么求它的有理根?下面介绍一个一般的方法。设 $f(x) \in \mathbb{Q}[x]$,若求 $f(x) = 0$ 的有理根,通过通分以及消掉系数的公因数,我们可先把 $f(x)$ 的各项系数变成互素的整数。故可设 $f(x) = a_n x^n + \cdots + a_1 x + a_0$,其系数 $a_0, a_1, \cdots, a_n$ 都是整数且它们互素,即

这 $n+1$ 个整系数的最大公因数为 1，我们还设 $a_n \neq 0$。若有理数 $\frac{q}{p}$ 是 $f(x) = 0$ 的根，其中的分子和分母 $q$ 与 $p$ 互素，则一定有 $p$ 整除 $a_n$，$q$ 整除 $a_0$。例如，对于多项式 $x^3 - 2$，它若有有理根，则必为 2 或者 $-2$，代入检验知 $\pm 2$ 都不是 $x^3 - 2$ 的根，即它没有有理根，又多项式次数为 3，我们知道 $x^3 - 2$ 在有理数域上不可约（这时我们并没有用到艾森斯坦判别法）。

### 四、数域的扩张

设 $F$ 和 $E$ 都是数域，并且 $F \subseteq E$，则称 $F$ 是 $E$ 的子域，$E$ 是 $F$ 的扩域，或称 $E$ 是 $F$ 的一个扩张。下面我们都假设数域 $E$ 是数域 $F$ 的一个扩张，对于 $E$ 中 $n$ 个元素 $\alpha_1, \alpha_2, \cdots, \alpha_n$，如果存在 $F$ 中不全为 0 的数 $a_1, a_2, \cdots, a_n$，使得 $a_1\alpha_1 + a_2\alpha_2 + \cdots + a_n\alpha_n = 0$，则称 $\alpha_1, \alpha_2, \cdots, \alpha_n$ 在数域 $F$ 上线性相关，否则，称 $\alpha_1, \alpha_2, \cdots, \alpha_n$ 在 $F$ 上线性无关。所以 $\alpha_1, \alpha_2, \cdots, \alpha_n$ 线性无关也等价于若 $a_1\alpha_1 + a_2\alpha_2 + \cdots + a_n\alpha_n = 0$，则必有 $a_1 = a_2 = \cdots = a_n = 0$。若 $E$ 中存在在 $F$ 上线性无关的 $n$ 个元素 $\alpha_1, \alpha_2, \cdots, \alpha_n$，并且 $E$ 中的每一个元素 $\alpha$ 都能写成 $\alpha = c_1\alpha_1 + c_2\alpha_2 + \cdots + c_n\alpha_n$ 的形式，其中 $c_1, c_2, \cdots, c_n \in F$，就称 $\alpha_1, \alpha_2, \cdots, \alpha_n$ 为 $E$ 在 $F$ 上的一组基。例如，设 $F$ 为任一数域，$k \in F$，但是 $\sqrt{k} \notin F$，$E = F(\sqrt{k}) = \{a + b\sqrt{k} \mid a, b \in F\}$，则容易验证 1，$\sqrt{k}$ 就是 $E$ 在 $F$ 上的一组基。注意到 $E$ 在 $F$ 上的基是不唯一的，例如，上面这个例子中 $1+\sqrt{k}$，$1+2\sqrt{k}$ 也是一组基。基虽然不唯一，但是可以证明 $E$ 在 $F$ 上的任两组基中所包含的元素个数是相同的（本文略去证明），这个个数称为 $E$ 在 $F$ 上的扩张次数，记做 $[E:F]$。例如，上面例子中的扩张次数 $[F(\sqrt{k}):F] = 2$（这也是我们前面称其为二次扩张的原因）。若对任意正整数 $m$，$E$ 中总存在 $m$ 个在 $F$ 上线性无关的元素，则称 $E$ 是 $F$ 的无限次扩张，也可以记为 $[E:F] = \infty$。例如，实数域 $\mathbb{R}$ 是有理

数域 $\mathbb{Q}$ 的无限次扩张。

设 $F, K, E$ 都是数域，$K$ 是 $F$ 的扩域，$E$ 是 $K$ 的扩域，则显然有 $E$ 是 $F$ 的扩域，那么它们的扩张次数有什么关系？我们有下面的望远镜法则。

**命题 5** 设 $F, K, E$ 都是数域，$K$ 是 $F$ 的扩域，$E$ 是 $K$ 的扩域，则有

$$[E:F]=[E:K][K:F]。$$

**证明** 若 $[K:F]$ 或 $[E:K]$ 中有一为 $\infty$，则由定义易知 $[E:F]=\infty$。故下面只证扩张次数均有限的情形。设 $[E:K]=m$，$[K:F]=n$，且 $E$ 在 $K$ 上的一组基为 $\beta_1, \beta, \cdots, \beta_m$，$K$ 在 $F$ 上的一组基为 $\alpha_1, \alpha_2, \cdots, \alpha_n$，则容易验证 $\{\alpha_i\beta_j \mid 1\leqslant i \leqslant n, 1\leqslant j \leqslant m\}$ 是 $E$ 在 $F$ 上的一组基，从而

$$[E:F]=mn=[E:K][K:F]。 \qquad \square$$

设 $E$ 是 $F$ 的扩张，$\alpha \in E$，若 $\alpha$ 是 $F$ 上某一个非零多项式的根，则称 $\alpha$ 为 $F$ 上的代数元。容易证明若 $[E:F]$ 有限，则 $E$ 中每个元素都是 $F$ 上的代数元。

设 $\alpha$ 为 $F$ 上的代数元，这时我们可以取到首项（即最高次项）系数为 1 且以 $\alpha$ 为根的 $F$ 上的次数最低的多项式（这样的多项式是唯一的），称其为 $\alpha$ 在 $F$ 上的极小多项式。容易验证 $\alpha$ 的极小多项式一定不可约。事实上，设 $p(x) \in F[x]$ 是 $\alpha$ 在 $F$ 上的极小多项式，若 $p(x)$ 可约，则存在 $F$ 上次数更低的首项系数为 1 的多项式 $p_1(x)$ 和 $p_2(x)$，使得 $p(x)=p_1(x)p_2(x)$，由 $p_1(\alpha)p_2(\alpha)=p(\alpha)=0$ 得到 $p_1(\alpha)=0$ 或者 $p_2(\alpha)=0$，即 $\alpha$ 为多项式 $p_1(x)$ 或 $p_2(x)$ 的根，这与极小多项式 $p(x)$ 的次数最低矛盾。另外，也容易证明，若 $\alpha \in E$ 是 $F$ 上的代数元，$p(x) \in F[x]$ 为首项系数为 1 的不可约多项式且 $p(\alpha)=0$，则 $p(x) \in F[x]$ 一定是 $\alpha$ 在 $F$ 上的极小多项式。

设 $E$ 是 $F$ 的扩张，$\alpha \in E$ 为 $F$ 上的代数元，令

$$F(\alpha) = \{f(\alpha) \mid f(x) \in F[x]\},$$

即由系数在 $F$ 中的所有 $\alpha$ 的多项式形式的 $E$ 中的元素组成的集合。

**命题 6** 设 $E$ 是 $F$ 的扩张，$\alpha \in E$ 为 $F$ 上的代数元，其极小多项式 $p(x)$ 的次数为 $n$，则 $F(\alpha)$ 为 $F$ 的扩域且 $[F(\alpha) : F] = n$。

**证明** 显然 $F$ 为 $F(\alpha)$ 的子集，我们只需证 $F(\alpha)$ 是数域，就得出 $F(\alpha)$ 一个符号为 $F$ 的扩域。显然，$F(\alpha)$ 中任意两个元素的加、减、乘的结果还在 $F(\alpha)$ 中，对于 $f(\alpha), g(\alpha) \in F(\alpha)$，且 $g(\alpha) \neq 0$，显然 $g(x)$ 不能被 $p(x)$ 整除，因为 $p(x)$ 不可约，所以 $g(x)$ 与 $p(x)$ 的首项系数为 1 的最大公因式一定为 1，即 $g(x)$ 与 $p(x)$ 互素。所以，存在多项式 $u(x), v(x) \in F[x]$ 使得 $u(x)g(x) + v(x)p(x) = 1$，把 $x$ 用 $\alpha$ 代入得到 $u(\alpha)g(\alpha) + v(\alpha)p(\alpha) = 1$，由 $p(\alpha) = 0$ 得 $u(\alpha)g(\alpha) = 1$，即 $u(\alpha) = g(\alpha)^{-1}$，所以

$$\frac{f(\alpha)}{g(\alpha)} = f(\alpha)u(\alpha) \in F(\alpha),$$

这便证出 $F(\alpha)$ 对加减乘除四则运算封闭，所以 $F(\alpha)$ 为数域。

下面证明 $1, \alpha, \alpha^2, \cdots, \alpha^{n-1}$ 是 $F(\alpha)$ 在 $F$ 上的一组基。先证它在 $F$ 上线性无关，若否，则有不全为零的数 $c_0, c_1, c_2, \cdots, c_{n-1} \in F$，使得

$$c_0 \cdot 1 + c_1 \alpha + c_2 \alpha^2 + \cdots + c_{n-1} \alpha^{n-1} = 0。$$

令 $c(x) = c_0 + c_1 x + c_2 x^2 + \cdots + c_{n-1} x^{n-1}$，则 $c(x) \in F[x], c(x) \neq 0$，$c(x)$ 的次数小于 $n$ 且 $c(\alpha) = 0$，与 $\alpha$ 的极小多项式的次数为 $n$ 矛盾。其次，对于任意 $f(\alpha) \in F(\alpha)$，对 $f(x)$ 和 $p(x)$ 作带余除法，存在 $q(x), r(x) \in F[x]$ 满足 $f(x) = q(x)p(x) + r(x)$ 且 $r(x)$ 的次数小于 $n$，不妨设 $r(x) = r_0 + r_1 x + \cdots + r_{n-1} x^{n-1}$，则

$$f(\alpha) = q(\alpha)p(\alpha) + r(\alpha) = r(\alpha) = r_0 \cdot 1 + r_1 \alpha + \cdots + r_{n-1} \alpha^{n-1},$$

即 $f(\alpha)$ 可以由 $1, \alpha, \alpha^2, \cdots, \alpha^{n-1}$ 被系数在 $F$ 中的数线性表出。这便证出 $1, \alpha, \alpha^2, \cdots, \alpha^{n-1}$ 是 $F(\alpha)$ 在 $F$ 上的一组基，故 $[F(\alpha):F]=n$。 □

**定理 4** 若数 $a$ 可作出，则 $[\mathbb{Q}(a):\mathbb{Q}]$ 一定为 2 的方幂。

**证明** 由定理 2，若数 $a$ 可作出，则存在自然数 $n$ 和一个数域的有限升序列

$$\mathbb{Q}=F_0 \subset F_1 \subset F_2 \subset \cdots \subset F_n,$$

使得 $a \in F_n$，且对每个 $j$，$j=0,1,\cdots,n-1$，$F_{j+1}$ 是 $F_j$ 的二次扩张。由于对每个 $j$，$j=0,1,\cdots,n-1$，有 $[F_{j+1}:F_j]=2$，因此由命题 5 得到 $[F_n:\mathbb{Q}]=2^n$。因为 $a\in F_n$，$\mathbb{Q}\subseteq F_n$，所以 $\mathbb{Q}(a)\subseteq F_n$，即 $\mathbb{Q}(a)$ 是 $F_n$ 的子域，继续利用命题 5，有

$$[F_n:\mathbb{Q}(a)][\mathbb{Q}(a):\mathbb{Q}]=[F_n:\mathbb{Q}]=2^n,$$

由扩张次数为正整数得出 $[\mathbb{Q}(a):\mathbb{Q}]$ 一定为 2 的方幂。 □

注意上面的定理 4 是一个数可作出的必要条件，它并不是充分的。有兴趣的读者可以自己验证下面这个例子：多项式 $f(x)=x^4-2x^3-6x^2+2x+2$ 在有理数域 $\mathbb{Q}$ 上不可约（可由艾森斯坦判别法得出），它有 4 个根 $a_1, a_2, a_3, a_4$，显然每个 $a_i(i=1,2,3,4)$ 在 $\mathbb{Q}$ 上的极小多项式都是 $f(x)$，所以 $[\mathbb{Q}(a_i):\mathbb{Q}]=4$ 为 2 的方幂。但是这 4 个数 $a_1, a_2, a_3, a_4$ 并不能全部作出，因为如果它们都能作出，则 $a_1a_2+a_3a_4$ 也能作出。可以计算出 $a_1a_2+a_3a_4$ 的极小多项式为 $g(x)=x^3+6x^2-12x+60$，所以 $[\mathbb{Q}(a_1a_2+a_3a_4):\mathbb{Q}]=3$ 不是 2 的方幂，矛盾。

## 五、古希腊三大几何作图问题不可解

根据上节的定理 4，我们可以容易解决古希腊三大几何作图问题。

**定理 5**　立方倍积问题不可解。

证明　立方倍积问题就是要作出实数 $\sqrt[3]{2}$。显然 $\sqrt[3]{2}$ 在 $\mathbb{Q}$ 上的极小多项式为 $x^3-2$,所以 $[\mathbb{Q}(\sqrt[3]{2}):\mathbb{Q}]=3$ 不是 2 的方幂,由定理 4 知实数 $\sqrt[3]{2}$ 不能作出。　□

**定理 6**　三等分角问题不可解。

证明　我们证明不能三等分 $60°$ 角,否则我们可以作出实数 $\cos 20°$。由于 $\cos 20°$ 为多项式 $4x^3-3x-\dfrac{1}{2}$ 的根,而此多项式在 $\mathbb{Q}$ 上不可约(因为没有有理根),所以 $\cos 20°$ 在 $\mathbb{Q}$ 上的极小多项式为 $x^3-\dfrac{3}{4}x-\dfrac{1}{8}$,我们依然有 $[\mathbb{Q}(\cos 20°):\mathbb{Q}]=3$,所以实数 $\cos 20°$ 不能作出。　□

**定理 7**　化圆为方问题不可解。

证明　化圆为方问题就是要作出实数 $\sqrt{\pi}$,而这明显等价于作出实数 $\pi$。由于 $\pi$ 不是 $\mathbb{Q}$ 上的代数元(1882 年德国数学家林德曼(Lindemann,1852—1939)证明),故 $[\mathbb{Q}(\pi):\mathbb{Q}]=\infty$ 不是 2 的方幂,所以 $\pi$ 不能作出。　□

## 六、什么样的正多边形可以尺规作出

我们知道,可以尺规作出正三角形、正方形、正五边形、正六边形等,但是尺规作不出正七边形、正九边形,为什么?本节就来讨论什么样的正多边形可以尺规作出。

一个正 $n$ 边形有一个外接圆,反之把一个圆周 $n$ 等分,顺次连接这 $n$ 个等分点就得到一个正 $n$ 边形,所以尺规作出正 $n$ 边形等价于用尺规把一个圆周 $n$ 等分。我们有单位长度 1,所以我们只考虑单位圆周。考虑圆心在坐标原点的单位圆周,假如其一个 $n$ 等分点为 $(1,0)$,则它的所有 $n$ 等分点就恰为多项式 $x^n-1$ 的 $n$ 个复根。令

$\xi_n = e^{\frac{2\pi i}{n}} = \cos\frac{2\pi}{n} + i\sin\frac{2\pi}{n}$,则 $x^n - 1$ 的 $n$ 个根为 $\xi_n^j$,$0 \leqslant j \leqslant n-1$。所以,尺规作出正 $n$ 边形就等价于作出复数 $\xi_n$。由于 $\xi_n$ 已经是有理数域上多项式 $x^n - 1$ 的根,因此 $\xi_n$ 是 $\mathbb{Q}$ 上的代数元,这样我们就需要求 $\xi_n$ 在 $\mathbb{Q}$ 上的极小多项式。

下面定义多项式

$$\Phi_n(x) = \prod_{0 \leqslant j \leqslant n-1,\ (j,n)=1} (x - \xi_n^j),$$

即以所有 $\xi_n^j$ 为根的多项式,其中 $0 \leqslant j \leqslant n-1$ 且 $j$ 与 $n$ 互素,满足这个条件的 $j$ 的个数就是著名的欧拉 $\varphi$-函数值 $\varphi(n)$,所以,此多项式的次数为 $\varphi(n)$,称其为 $n$ 阶分圆多项式。由于

$$x^n - 1 = \prod_{0 \leqslant j \leqslant n-1} (x - \xi_n^j),$$

我们有

$$x^n - 1 = \prod_{d \mid n} \Phi_d(x),$$

这里的乘积取遍 $n$ 的所有正因数。利用莫比乌斯(Möbius)反演公式,我们有

$$\Phi_n(x) = \prod_{d \mid n} (x^d - 1)^{\mu\left(\frac{n}{d}\right)},$$

其中 $\mu$ 为莫比乌斯函数,其定义如下:

$$\mu(n) = \begin{cases} 1, & \text{若 } n = 1; \\ (-1)^r, & \text{若 } n \text{ 是互不相同的 } r \text{ 个素数的乘积}; \\ 0, & \text{其他情形}。 \end{cases}$$

由于函数 $\mu$ 的取值为 $\pm 1$ 或者 $0$,这样 $\Phi_n(x)$ 为一个首项系数为 $1$ 的整系数多项式除以一个首项系数为 $1$ 的整系数多项式,其结果必然为首项系数为 $1$ 的整系数多项式(虽然它是在复数域上定义的)。利

用上面的公式容易计算出 $\Phi_1(x) = x-1$，$\Phi_2(x) = x+1$，$\Phi_4(x) = x^2+1$，$\Phi_9(x) = x^6+x^3+1$，等等，还容易得出若 $p$ 为素数，则 $\Phi_p(x) = x^{p-1}+x^{p-2}+\cdots+x+1$。

由定义，$\xi_n$ 是 $\Phi_n(x)$ 的根，可以证明分圆多项式 $\Phi_n(x)$ 在有理数域 $\mathbb{Q}$ 上不可约（细节略去，因为这不是本文的重点），所以 $\Phi_n(x)$ 就是 $\xi_n$ 在 $\mathbb{Q}$ 上的极小多项式，从而 $[\mathbb{Q}(\xi_n):\mathbb{Q}] = \varphi(n)$。

利用初等数论中的结果，我们有

$$\varphi(n) = n\sum_{d\mid n}\mu(d)\frac{1}{d},$$

其中的求和取遍 $n$ 的所有正因数，$\mu$ 依然是前述的莫比乌斯函数。所以若 $n$ 的素因数分解式为 $n = 2^e p_1^{e_1} p_2^{e_2}\cdots p_m^{e_m}$，其中 $p_1, p_2, \cdots, p_m$ 是互不相同的奇素数，$e \geqslant 0$，$e_i \geqslant 1$，$1 \leqslant i \leqslant m$，则有

$$\varphi(n) = 2^{e-1} p_1^{e_1-1} p_2^{e_2-1}\cdots p_m^{e_m-1}(p_1-1)(p_2-1)\cdots(p_m-1),$$

其中若 $e = 0$，则认为上式中出现的 $2^{e-1} = 1$。这样，若 $\varphi(n)$ 为 2 的方幂，则必有 $e_1 = e_2 = \cdots = e_m = 1$ 且每一个 $p_i$ 都是 $2^{t_i}+1$ 的形式。又容易知道，若形如 $2^t+1$ 的数为素数，则必有 $t = 2^h$，这样的素数，即形如 $F_h = 2^{2^h}+1$ 的素数称为费马(Fermat)素数。已知当 $0 \leqslant h \leqslant 4$ 时，$F_h$ 确为素数，分别为 $F_0 = 3$，$F_1 = 5$，$F_2 = 17$，$F_3 = 257$，$F_4 = 65\,537$，但是 $F_5 = 2^{32}+1 = 4\,294\,967\,297$ 不是素数（可被 641 整除）。由定理 4，我们得到下面这个正 $n$ 边形可尺规作出的必要条件。

**命题 7** 若正 $n$ 边形可作出，则 $n$ 一定形为 $n = 2^e p_1 p_2 \cdots p_m$，其中 $e \geqslant 0$，而 $p_1, p_2, \cdots, p_m$ 为互不相同的费马素数。 □

注意到可作出正 $n$ 边形等价于可作出 $\dfrac{2\pi}{n}$ 这个角，三等分角问题不可解也可以作为命题 7 的一个推论。由于用尺规作不出正 9 边形，我们就作不出 $40°$ 角，也就是我们不能把 $120°$ 角三等分。

另外命题 7 是正 $n$ 边形可尺规作出的必要条件，这个必要条件是

否充分？首先若可作出 $\dfrac{2\pi}{n}$ 这个角，平分它我们可作出角 $\dfrac{2\pi}{2n}$，所以若正 $n$ 边形可作出，则正 $2n$ 边形也可作出。由此可知对任意正整数 $k\geqslant 2$，正 $2^k$ 边形可以作出。进一步地，我们有下面的结论。

**命题 8**　若正 $n$ 边形和正 $m$ 边形都可作出，且 $n$ 与 $m$ 互素，则正 $nm$ 边形也可作出。

**证明**　由于正 $n$ 边形和正 $m$ 边形都可作出，我们可作出角 $\dfrac{2\pi}{n}$ 和 $\dfrac{2\pi}{m}$。由于 $n$ 与 $m$ 互素，存在整数 $r$ 和 $s$ 使得 $rn+sm=1$，这样由

$$\frac{2\pi}{nm}=\frac{2\pi(rn+sm)}{nm}=s\frac{2\pi}{n}+r\frac{2\pi}{m},$$

可知角 $\dfrac{2\pi}{nm}$ 可作出，即正 $nm$ 边形可作出。　□

**命题 9**　设 $p=2^{2^h}+1$ 为费马素数，则正 $p$ 边形也可作出。

**证明**　令 $\alpha=e^{\frac{2\pi i}{p-1}}$，由于正 $p-1(=2^{2^h})$ 边形可作出，所以 $\alpha$ 可作出。令 $\xi_p=e^{\frac{2\pi i}{p}}$，再设 $g$ 为模 $p$ 的一个原根，即 $g^{p-1}\equiv 1\pmod{p}$ 且 $\{1,2,\cdots,p-1\}=\{g^1,g^2,\cdots,g^{p-1}\}\pmod{p}$。对于 $0\leqslant k\leqslant p-2$，令

$$\beta_k=\xi_p+\alpha^k\xi_p^g+\alpha^{2k}\xi_p^{g^2}+\cdots+\alpha^{(p-2)k}\xi_p^{g^{p-2}}.$$

容易算出 $\beta_0=\xi_p+\xi_p^g+\xi_p^{g^2}+\cdots+\xi_p^{g^{p-2}}=\xi_p+\xi_p^2+\xi_p^3+\cdots+\xi_p^{p-1}=-1$。再令 $F_k=\beta_k^{p-1}$，将 $F_k$ 完全展开，得到 $(p-1)^{p-1}$ 个单项式之和，每一项形如

$$\alpha^{ki_1}\xi_p^{g^{i_1}}\cdot\alpha^{ki_2}\xi_p^{g^{i_2}}\cdot\cdots\cdot\alpha^{ki_{p-1}}\xi_p^{g^{i_{p-1}}},$$

其中 $0\leqslant i_1,i_2,\cdots,i_{p-1}\leqslant p-1$，即为

$$\alpha^{k(i_1+i_2+\cdots+i_{p-1})}\xi_p^{g^{i_1}+g^{i_2}+\cdots+g^{i_{p-1}}}=\alpha^{u_k}\xi_p^v,$$

其中 $u_k=k(i_1+i_2+\cdots+i_{p-1})$，$v=g^{i_1}+g^{i_2}+\cdots+g^{i_{p-1}}$。对取定

的这个单项式，还有与之匹配的下面这 $p-2$ 个单项式，分别为
$\alpha^{k(i_1+1)}\xi_p^{g^{i_1}+1} \cdot \alpha^{k(i_2+1)}\xi_p^{g^{i_2}+1}\cdots\alpha^{k(i_{p-1}+1)}\xi_p^{g^{i_{p-1}}+1} = \alpha^{u_k}\xi_p^{vg}$, $\alpha^{k(i_1+2)}\xi_p^{g^{i_1}+2} \cdot$
$\alpha^{k(i_2+2)}\xi_p^{g^{i_2}+2}\cdots\alpha^{k(i_{p-1}+2)}\xi_p^{g^{i_{p-1}}+2} = \alpha^{u_k}\xi_p^{vg^2}$, $\cdots$, 和 $\alpha^{k(i_1+p-2)}\xi_p^{g^{i_1}+p-2} \cdot$
$\alpha^{k(i_2+p-2)}\xi_p^{g^{i_2}+p-2}\cdots\alpha^{k(i_{p-1}+p-2)}\xi_p^{g^{i_{p-1}}+p-2} = \alpha^{u_k}\xi_p^{vg^{p-2}}$。而 $F_k$ 的完全展开式中上面这 $p-1$ 个单项式的和为

$$\begin{cases}(p-1)\alpha^{u_k}, & 若 v 能被 p 整除; \\ -\alpha^{u_k}, & 若 v 不能被 p 整除。\end{cases}$$

上面的计算用到了若 $v$ 不能被 $p$ 整除，则 $\xi_p^v+(\xi_p^v)^g+(\xi_p^v)^{g^2}+\cdots+(\xi_p^v)^{g^{p-2}}=-1$，即这 $p-1$ 项之和与 $\xi_p$ 无关，只是 $\alpha$ 的幂的一个倍数。将 $F_k$ 完全展开得到的 $(p-1)^{p-1}$ 项可分成 $(p-1)^{p-2}$ 组，每组都是如上所述形式的 $p-1$ 项之和，这便得出 $F_k$ 的最后计算结果中不包含 $\xi_p$，只是 $\alpha$ 的一个整系数多项式形式（实际上 $F_0=1$）。由于 $\alpha$ 可作出，故 $F_k$ 也可作出，又 $p-1=2^{2^h}$，从而 $\beta_k$ 就是通过 $F_k$ 作一系列的开平方得到的，所以 $\beta_k$ 可作出。

这样，我们得到

$$\begin{cases}\xi_p + \xi_p^g + \xi_p^{g^2} + \cdots + \xi_p^{g^{p-2}} = \beta_0, \\ \xi_p + \alpha\xi_p^g + \alpha^2\xi_p^{g^2} + \cdots + \alpha^{p-2}\xi_p^{g^{p-2}} = \beta_1, \\ \xi_p + \alpha^2\xi_p^g + \alpha^4\xi_p^{g^2} + \cdots + \alpha^{2(p-2)}\xi_p^{g^{p-2}} = \beta_2, \\ \qquad\qquad\vdots \qquad\qquad\qquad\vdots \qquad\qquad\qquad\vdots \\ \xi_p + \alpha^{p-2}\xi_p^g + \alpha^{2(p-2)}\xi_p^{g^2} + \cdots + \alpha^{(p-2)^2}\xi_p^{g^{p-2}} = \beta_{p-2},\end{cases}$$

把它看成一个以 $\xi_p, \xi_p^g, \xi_p^{g^2}, \cdots, \xi_p^{g^{p-2}}$ 为未知量的线性方程组，此方程组的系数矩阵行列式为范德蒙（Vandermonde）行列式，其不为 0，故它有唯一解。由于线性方程组的解向量中每个分量都是通过系数和常数项的加减乘除四则运算得到的，而此方程组的系数和常数项都可作出，所以它的解向量的每一个分量，特别是第一个分量 $\xi_p$ 可以

作出,故正 $p$ 边形也可作出。 □

由上面的讨论知,命题 7 的必要条件也是充分的,即我们证明了下面的定理。

**定理 8**  正 $n(n \geqslant 3)$ 边形可作出的充要条件是 $n$ 有分解式 $n = 2^e p_1 p_2 \cdots p_m$,其中 $e \geqslant 0$,$p_1$,$p_2$,$\cdots$,$p_m$ 为互不相同的费马素数。 □

这样,我们就完美地解决了什么样的正多边形可尺规作出。但这还是涉及到一个现在还未解决的问题:即当自然数 $h$ 为何值时,$F_h = 2^{2^h} + 1$ 为素数?已经知道的是当 $0 \leqslant h \leqslant 4$ 时,$F_h$ 是素数,但除了已知的这 5 个素数外,至今还没有发现另外的费马素数。现在可以确定的是对于 $5 \leqslant h \leqslant 21$,$F_h$ 都是合数。

一般认为,高斯(Gauss)在他 19 岁时(即 1796 年)尺规作出了正十七边形,1801 年高斯在《算术研究》(*Desquisitione Arithmeticae*)中证明了若 $p$ 为费马素数,则正 $p$ 边形可尺规作出。1832 年,里歇洛(Richelot)在《克雷尔数学杂志》上发表的论文给出了尺规作正 257 边形的方法。德国数学家荷尔墨斯(Hermes)花费了 10 年心血给出了正 65 537 边形的尺规作图法(1894 年宣布),其手稿装了一皮箱,目前保管在哥廷根大学。在网上可以查到正十七边形的具体尺规作图方法(也可参看本书中徐诚浩教授的文章《怎样作正十七边形》),感兴趣的读者可以自己画一下。

最后强调一点,本文中定理 8 的证明是相当初等的,并没有用到伽罗瓦(Galois)理论,其中用到的关键结论,即命题 9 的证明是北京大学数学科学学院 2013 级本科生黄开同学告诉我的。

北京大学数学科学学院　冯荣权

# 为什么要如此推崇黄金数

据说在 100 多年前,有一位心理学家做了一个有趣的试验。他精心设计了很多各式各样的矩形,然后请很多人来挑选,每个人从中选出认为是最美的矩形。结果有 4 个矩形被多数人认为是最美的,经测量,这 4 个最美的矩形的相邻的边长分别是:

5 与 8;8 与 13;13 与 21;21 与 34。

它们看上去边长协调、匀称和舒适,能够给人一种舒服优美的视觉享受。很容易算出这 4 个矩形的相邻的边长之比值都与 0.618 很接近:

$$\frac{5}{8} \approx 0.625, \frac{8}{13} \approx 0.615, \frac{13}{21} \approx 0.619, \frac{21}{34} \approx 0.618。$$

早在公元前 4 世纪,古希腊数学家欧多克斯(Eudoxus,约前 408—前 355)就提出如下问题:如何在直线段 $AB$ 上确定点 $C$,使得 $BC:AC = AC:AB$?这个点 $C$ 称为直线段 $AB$ 上的黄金分割点(见图 1)。

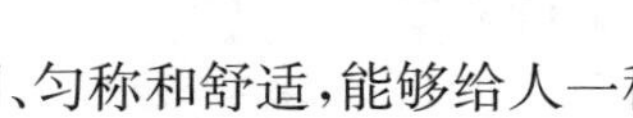

图 1  黄金分割点

如果设 $AB=1$，$AC=\omega$，则 $BC=1-\omega$。于是，解二次方程：

$$\frac{1-\omega}{\omega}=\frac{\omega}{1}=\omega,\ \omega^2+\omega-1=0,$$

得到

$$AC=\omega=\frac{\sqrt{5}-1}{2}\approx 0.618。$$

我们用希腊字母 $\omega$ 表示这个黄金数。

几千年来，这个数 $\omega$ 引起了广大数学家、科学家、艺术家和建筑家的浓厚兴趣。

中世纪文艺复兴时期，意大利画家列奥纳多·达·芬奇（L. da Vinci，1452—1519，意思是"出生在芬奇镇的列奥纳多"）称 $\omega$ 为"黄金数"，他认为它有黄金般的价值。德国天文学家约加恩·开普勒（J. Kepler，1571—1630）称它为"珍珠数"。

### 一、生活中充满了黄金数

在很长一段历史时期里，这个黄金数一直统治着西方建筑美学。哪里有黄金数，哪里就有优美。

**1. 埃及祖孙三代金字塔——胡夫、海夫拉和门卡乌拉金字塔**

胡夫金字塔（见图 2）建于公元前 2560 年，4 个斜面正对东、南、西、北 4 个方向，误差不超过圆弧的 3 分（一个圆周为 360°，一度为 60′）。塔高为 146.59 米（相当于一座 40 层的摩天大楼），底边长为 230.35 米，倾角为 51°52′，塔底面呈正方形，塔高与底边边长之比为

$$\frac{146.59}{230.35}\approx 0.636\approx 0.618。$$

海夫拉金字塔高为 143.5 米，底边长为 215.25 米，塔高与底边边长之比为

图2　胡夫金字塔

$$\frac{143.5}{215.25}=0.6\dot{} \approx 0.618。$$

门卡乌拉金字塔高为 66.4 米，底边长为 108.04 米，塔高与底边边长之比为

$$\frac{66.4}{108.04}\approx 0.615 \approx 0.618。$$

**2. 古希腊的巴特农神庙**

巴特农神庙（见图3）是公元前 447 年开始兴建的，公元 1687 年毁于战争。神庙东西宽为 31 米，南北长为 70 米。东西两立面山墙顶部距离地面 19 米，也就是说，其立面高与宽的比例为

图3　巴特农神庙

$$\frac{19}{31} \approx 0.6129 \approx 0.618.$$

大理石柱廊与整个神殿高度之比约为 0.618。

### 3. 法国的巴黎圣母院

巴黎圣母院(见图 4)始建于 1163 年,历时 182 年完成。它是一座典型的哥特式教堂。正面被壁柱纵向分隔为 3 大块;3 条装饰带又将它横向划分为 3 部分。立柱和装饰带把立面分为 9 块小的黄金矩形(两个相邻边的边长之比为 $\omega$ 的矩形称为黄金矩形),十分和谐匀称。外形以至门窗的宽与高之比也都约为 0.618。这样可使人们除去视觉上的凌乱和偏差,加强建筑形体的美观、和谐与统一。

图 4  巴黎圣母院

### 4. 人体的黄金分割点

令人惊讶的是,人体自身也和 0.618 密切相关,对人体解剖很有研究的达·芬奇发现,人的肚脐位于身长(从脚底到头顶)的 0.618 处;咽喉位于肚脐到头顶长度的 0.618 处;膝盖位于脚趾到肚脐的 0.618 处;肘关节位于指头到肩关节的 0.618 处,人体存在着肚脐、咽喉、膝盖、肘关节 4 个黄金分割点,它们也是人赖以生存的 4 处要害。

这也许是被挑选的芭蕾舞演员必须两腿修长,而且在跳芭蕾舞时踮起脚尖会显得更加优美的缘故,因为这样才可把原来偏低的肚脐上升到黄金点的位置!爱神维纳斯与太阳神阿波罗的塑像,下肢与身高之比都大约为 0.618。

**5. 书籍**

常规的书籍有两种开本。大开本的是 $212 \times 146$(平方毫米),小开本的是 $197 \times 136$(平方毫米)。宽与长之比分别为

$$\frac{146}{212} = 0.689, \frac{136}{197} = 0.690,$$

宽与长的比值都接近 0.618。

**6. 国旗**

国旗的短边与长边之比接近 0.618(是黄金矩形)。

**7. 舞台报幕**

有经验的报幕员上台亮相,决不会站在舞台的边角或中央,而是站在舞台宽度的黄金点上,这样,既不羞涩畏缩,又不喧宾夺主,而显得落落大方,再加上靓丽的服饰和甜美的嗓音,一定会给观众留下美好的印象。

**8. 音乐**

音乐家们发现,将手指放在琴弦的黄金点处,音乐声就益发宏亮,音色就更加和谐、优美动听。

**9. 摄影**

拍风景照时,最好将人物放在相片宽度的黄金点处。

**10. 植物**

有些植物的茎上,两张相邻叶柄的夹角是 $137°28'$,有

$$\frac{360° - 137°28'}{360} = \frac{222°32'}{360} \approx 0.618。$$

据研究发现,这种角度对植物的通风和采光效果最佳。

**11. 黄金分割与人类生活的关系相当密切**

地球表面的北纬度范围是 $0°\sim 90°$，对其进行黄金分割（$90\times 0.382=34.38, 90\times 0.618=55.62$），则 $34.38°\sim 55.62°$ 正是地球的黄金地带。无论从平均气温、年日照时数、年降水量、相对湿度等方面都是适于人类生活的最佳地区，这一地区几乎囊括了世界上所有的发达国家。

**12. 人体的最舒适温度**

人为什么在环境 $22\sim 24℃$ 时感觉最舒适？因为人的正常体温为 $37℃$，它与 $0.618$ 的乘积为 $22.8℃$。在这一温度区间中，肌体的新陈代谢、生理节奏和生理功能均处于最佳状态。

**13. 建筑物的内部布局**

加拿大多伦多电视塔塔高为 $553.3$ 米，工作厅在第 $7$ 层，高 $340$ 米，有

$$\frac{340}{553.3}\approx 0.618。$$

## 二、各种黄金平面图形

易见，这个无理数 $\omega$ 有重要性质：

$$\omega^2=1-\omega,\ \omega(1+\omega)=1,\ \frac{1}{1+\omega}=\omega。$$

由此可以得到很多优美的黄金平面图形。

**1. 黄金矩形与黄金矩形套**

两个相邻边的边长之比为 $\omega$ 的矩形称为黄金矩形（见图5）。

设在 $ABCD$ 是黄金矩形，其中 $AB=1, BC=\omega$，作边长为 $\omega$ 的正方形 $BCEF$，则

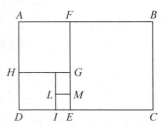

图5　黄金矩形套

$$AF = 1 - \omega = \omega^2.$$

于是,据 $\dfrac{AF}{FE} = \dfrac{\omega^2}{\omega} = \omega$ 知 $AFED$ 仍是黄金矩形。

再作边长为 $\omega^2$ 的正方形 $AFGH$,又得黄金矩形 $HGED$。这是由于仍有

$$\frac{HD}{DE} = \frac{\omega - \omega^2}{1 - \omega} = \omega.$$

······

如此下去可得无限多个层层嵌套的黄金矩形,称为黄金矩形套。

## 2. 黄金三角形与黄金三角形套

底长与腰长之比为 $\omega$ 的等腰三角形称为第一类黄金三角形(见图6)。

等腰三角形为第一类黄金三角形当且仅当它的顶角为 $36°$。

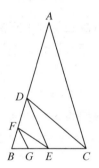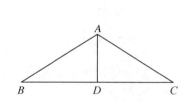

图6　第一类黄金三角形套　　　图7　第二类黄金三角形

腰长与底长之比为 $\omega$ 的等腰三角形称为第二类黄金三角形(见图7)。

等腰三角形为第二类黄金三角形当且仅当它的顶角为 $108°$。

## 3. 黄金椭圆与黄金椭圆套

短半轴与长半轴之比为 $\omega$ 的椭圆称为黄金椭圆。

图 8 所示是黄金椭圆套，其中 $O$ 是一个黄金椭圆的圆心，长半轴 $OB=1$，短半轴 $OC=\omega$。在 $OB$ 上截取 $FB=OC=\omega$，则 $OF=1-\omega=\omega^2$。于是由

$$OF:OC=\omega^2:\omega=\omega$$

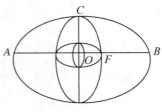

图 8　黄金椭圆套

知，以 $OF$ 为短半轴、以 $OC$ 为长半轴的椭圆必是黄金椭圆。

用同样的方法又可得到一个套在内层的黄金椭圆。

……

如此下去可得无限多个层层嵌套的黄金椭圆，称为黄金椭圆套。

### 4. 充满黄金点的五角星

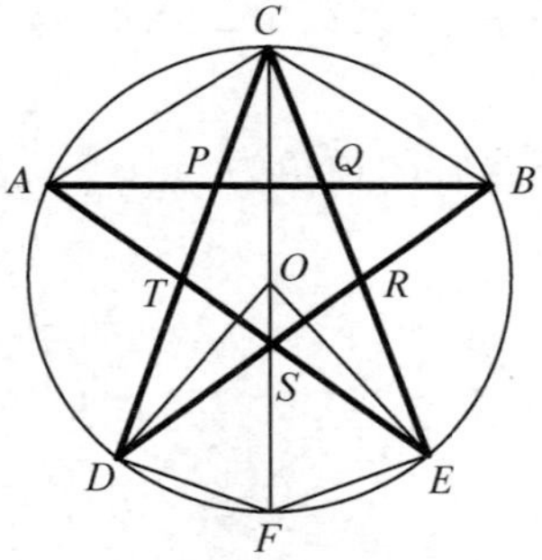

以 $A, C, B, E, D$ 为顶点的五角星（见图 9），它的每个顶角显然都是

$$180°\div 5=36°。$$

这说明在五角星中充满了黄金三角形和黄金点，所以很多国家的国旗上都有五角星。

图中 $P, Q, R, S, T$ 又成为一个内接五角星的 5 个顶点。

图 9　五角星

您能找出哪些黄金点、第一类黄金三角形、第二类黄金三角形和黄金五角星套？

复旦大学数学科学学院　　徐诚浩

# 永无止境的素数探索

有一种广为流传的说法：数学是科学的"皇冠"，数论是皇冠上的"明珠"。

所谓数论就是整数理论，而贯穿整数理论的主线就是整除性理论。由整除性理论衍生出素数理论，而素数理论则是历史悠久、问题迷人、猜想颇多、论证艰难的一个数学分支。作为人类永恒的使命：探索未知、发现真理、崇尚科学、倡导文明，几千年来，人们一直在研究素数，而且还要继续研究下去！

说大于 1 的自然数(正整数)$p$ 是素数(质数)指的是，除了 1 和 $p$ 本身以外，$p$ 没有别的自然数因数，也就是说，$p = p \times 1$ 是唯一(自然数)分解式。大于 1 的不是素数的自然数称为合数。1 是仅有的既不是素数又不是合数的数。2 是唯一的偶素数，大于 2 的素数必是奇数。

自古至今几千年来，研究素数的个数、素数的分布规律、素数的判别方法和素数能否可用某个公式表示等问题，一直引起人们的极大兴趣，不少人为此付出了毕生的精力，至今仍有很多难题无法解决，恐怕还要持续研究几百年、几千年。可以说，对素数的研究，既是最古老的，其历程又将是最漫长的。

## 一、素数有无限多个

早在公元前 3 世纪，古希腊数学家欧几里得(Euclid，约前 330—

前275)在其所著的《几何原本》中就证明了必有无限多个素数,即不存在最大素数。他用的是反证法。如果存在最大素数 $p$,则可把所有的素数相乘得到一个自然数

$$m = 2 \times 3 \times 5 \times 7 \times 11 \times \cdots \times p。$$

考虑数 $n=m+1$。由 $n>p$ 知 $n$ 必是合数,可任取 $n$ 的某个素因数 $q$。因为 $m$ 是所有素数的乘积,必有 $q$ 整除 $m$,再由 $q$ 整除 $n$ 知 $q$ 整除 1,这是不可能的,所以不存在最大素数。

## 二、寻找素数的筛法

既然要列出所有素数是不可能的,那么自然想到,对任意取定的自然数 $N$,要设法列出不超过 $N$ 的所有素数。

古希腊数学家厄拉多塞(Eratosthene,约前276—前194)是欧几里德的学生,阿基米德(Archimedes,前287—前212)的老师和朋友,他在双目失明后自杀。他发明了一种方法:把 2 到 $N$ 的所有整数依次列出。先留下素数 2,划掉 2 的所有倍数;再留下素数 3,划掉 3 的所有倍数;对素数 5、7、11……作同样处理,最后留下的就是不超过 $N$ 的所有素数。用这种划数方法,每次被留下的数中的第一个数一定是素数。(否则,它一定已被划掉了。)

据说,他用这个方法找素数时,先把所有整数写在一种草片纸上。凡被划掉的数,就在那里用香火烧一个洞。最后草片纸上留下了密密麻麻的洞,形同一个筛子,故名筛法。

## 三、不超过 $N$ 的素数个数的估计值

人们发现素数越大,其分布越稀疏,且毫无规律可循。

人们发现既有很多对孪生素数(相邻两个奇数都是素数,猜想:存在无穷多对孪生素数,但是尚未证明),例如

$$3, 5; 5, 7; 11, 13; \cdots,$$

又可以证明存在相隔任意远的连接的两个素数。证明如下：

任意取定自然数 $d$，记
$$h = (d+1)! = 1 \times 2 \times 3 \times 4 \times \cdots \times d \times (d+1)。$$

显然
$$h+2, h+3, h+4, \cdots, h+d, h+(d+1)$$

是 $d$ 个相邻的合数。分别取 $p$ 是小于 $h+2$ 的最大素数，$q$ 是大于 $h+d+1$ 的最小素数，则 $p$ 与 $q$ 之间都是合数（至少有 $d$ 个）。

开始时，人们致力于制造出越来越大的素数表。据 1976 年资料，在最大的素数表中，列出了 1 万 2 千亿以内的所有素数。

后来，人们努力寻找不超过 $N$ 的素数个数的估计值。

15 岁的高斯（C. F. Gauss, 1777—1855）猜测：当 $N$ 很大时，不超过 $N$ 的素数的个数 $\pi(N)$ 大约为

$$\pi(N) \approx \frac{N}{\ln N}。$$

高斯的思路是这样的：既然素数的分布毫无规律，那么素数的分布密度是不是有规律呢？高斯根据已有的素数表发现有以下结果（见表 1）。

**表 1　根据已有的素数表发现的结果**

| $N$ | $\dfrac{\pi(N)}{N}$ | $\dfrac{1}{\ln N}$ | $\dfrac{\pi(N)/N}{1/\ln N}$ |
|---|---|---|---|
| $10^3$ | 0.168 | 0.145 | 1.159 |
| $10^6$ | 0.078 498 | 0.072 382 | 1.084 |
| $10^9$ | 0.050 847 478 | 0.048 254 942 | 1.054 |

所以他猜想：

$$\lim_{N\to\infty} \frac{\pi(N)/N}{1/\ln N} = 1, 即 \quad \lim_{N\to\infty} \pi(N) = \frac{N}{\ln N}。$$

在 1798 年，勒让德（A. M. Legendre，1752—1833）还给出经验公式

$$\pi(N) = \frac{N}{\ln N - 1.083\,66}。$$

为此，他检查了 40 万以内的素数才得出这个常数 1.083 66。

令人惊奇的是，两个似乎完全无关的数学概念（素数分布密度与对数函数）竟然有如此密切的关系！这真是绝妙的数学思想和方法！

到 1896 年，法国数学家阿达马（J. S. Hadamard，1865—1963）用高深的复变函数论证明了素数定理：

$$\lim_{x\to\infty} \pi(x) = \frac{x}{\ln x}。$$

### 四、费马素数

筛法的缺陷是只能找到有限个素数。于是，人们企图找一个能表示所有素数的公式，即所有素数都可用同一个公式求出。在屡遭失败、一筹莫展以后，只得降低要求，看能否找到一个只依赖于自然数 $n$ 的公式 $f(n)$，用任意一个自然数 $n$ 代入后得到的都是素数。

例如，瑞士数学家欧拉（L. Euler，1707—1783）曾经认为

$$f(n) = n^2 + n + 41$$

都是素数，可是后来发现

$$f(40) = 40^2 + 40 + 41 = 1\,681 = 41^2。$$

法国贵族数学家费马（P. de Fermat，1601—1665）是数学史上的一位顶级传奇人物。他父亲的大富与母亲的大贵构筑了费马极富贵的身价，所以在自己的姓名上加上了贵族姓氏的标志"de"。

费马的主要职业是乡村律师，数学仅是他的业余爱好。费马被誉为"数论之父"，其实，他的研究的范围非常广泛，在很多数学领域中均有非凡贡献。例如，他是解析几何学和微积分学的先驱者之一；他又是概率论的创始人之一。所以他被誉称为"业余数学家之王"，甚至有人认为他应该算作专业数学家。

他有非常了不起的直观天才，一生中提出过很多了不起的数学猜测。令人惊奇的是，他的几乎所有的猜测全部被后人一一证实，仅有一个例外。那就是他在 1640 年猜测：凡是形如 $2^{2^n}+1$ 的数，都是素数，后人称为费马素数，记为 $F_n$。

首先，容易证明当 $2^m+1$ 是素数时，一定存在非负整数 $n$ 使得 $m=2^n$，这就是说，$m$ 一定没有奇数真因数。用反证法。如果 $m$ 有奇数真因数 $p$ 使得 $m=pu$，则必有因式分解式

$$2^m+1=(2^u)^p+1$$
$$=(2^u+1)(2^{(p-1)u}-2^{(p-2)u}+2^{(p-3)u}-\cdots-2^u+1),$$

这说明 $2^m+1$ 必是合数。所以，只有形如 $2^{2^n}+1$ 的数才可能是素数。

将 $n=0,1,2,3,4$ 代入 $2^{2^n}+1$，得到的数的确都是素数：

$$3,5,17,257,65\ 537。$$

可是对 $n=5$，在 1738 年，欧拉惊人地发现有分解式：

$$F_5=2^{2^5}+1=2^{32}+1=4\ 294\ 967\ 297=641\times 6\ 700\ 417。$$

这说明费马的猜想错了！

谁知欧拉的这一分解式，竟是"一石激起千层浪！"从此以后，人

们再也没有找到第六个费马素数,相反地,倒是已经找到了46个形如 $2^{2^n}+1$ 的数不是素数。例如,到1988年止,已经证明从 $n=5$ 到 $n=21$, $2^{2^n}+1$ 都不是素数。于是人们又猜测,费马素数仅有上述5个,但也无法证明。这是数论史上的又一个悬案!

例如,在1880年,82岁的兰德里(Landry)发现有分解式:

$$F_6 = 2^{2^6}+1 = 274\,177 \times 67\,380\,421\,310\,721。$$

在1971年,两个美国人发现有分解式:

$$F_7 = 2^{2^7}+1$$
$$= 5\,964\,958\,912\,497\,217 \times 5\,704\,689\,200\,685\,129\,054\,721。$$

目前,发现不是素数的最大的费马数是 $F_{23\,471}$。

对于费马数 $F_{24}$, $F_{28}$ 是不是素数,现在尚无定论。

### 五、梅森素数

法国数论学家、神父马林·梅森(Marin Mersenne,1588—1648)提问:当 $m$ 是什么数时,$2^m-1$ 是素数?

显然 $2^4-1=15$ 不是素数。如果 $m>4$ 不是素数,则它必有奇素数真因数 $p$ 使得 $m=up$,则必有因式分解式

$$2^m-1 = (2^u)^p-1$$
$$= (2^u-1)(2^{(p-1)u}+2^{(p-2)u}+2^{(p-3)u}+\cdots+2^u+1),$$

这说明 $2^m+1$ 必是合数。所以,只有形如 $2^p-1$ 的数才可能是素数,其中 $p$ 是素数。

于是他进一步问:当 $p$ 是哪些素数时,$2^p-1$ 是素数?后人把这种素数称为梅森素数,记为 $M_p$。

在1644年,梅森说:当

$$p = 2, 3, 5, 7, 13, 17, 19, 31, 67, 127, 257$$

时，$2^p-1$ 都是素数，而对小于 257 的其他素数 $p$，$2^p-1$ 都不是素数。这个结论对不对呢? 有以下计算结果(见表 2)，表中这些梅森数 $M_p$ 的确都是素数。

**表 2　计算结果**

| $p$ | 2 | 3 | 5 | 7 | 13 | 17 | 19 | 31 | … |
|---|---|---|---|---|---|---|---|---|---|
| $2^p-1$ | 3 | 7 | 31 | 127 | 8 191 | 131 071 | 524 287 | 2 147 483 647 | … |

实际上，要判定某个数是不是素数，往往是非常困难的。梅森说过:"一个人，使用一般的验证方法，要检验一个 15 位或 20 位的数字是否为素数，即使终生的时间也是不够的。"

在 1876 年卢卡斯(Lucas，1842—1891)证明了

$$M_{127} = 2^{127} - 1$$
$$= 170\ 141\ 183\ 460\ 469\ 231\ 731\ 687\ 303\ 715\ 884\ 105\ 727$$

是素数(共 39 位)。这是人们靠手工计算发现的最大梅森素数。

在以后的 200 多年内，人们一直认为 $M_{67} = 2^{67}-1$ 是素数。1903 年 10 月，在纽约的一次数学学术会议上，大家要求科尔(Kerr，1861—1927)教授作报告。他不说一句话，在黑板上计算出 $2^{67}-1$ 的值，接着他又把以下两数

193 707 721 和 761 838 257 287

用竖式相乘，发现所得结果完全相同。在沉静片刻以后，全体到会者突然报以暴风雨般的掌声向他表示祝贺! 因为他证明了 $M_{67} = 2^{67}-1$ 不是素数! 这就是著名的《一次无声的学术报告》。会后有人问他:"为了证明这个结果，您花了多少时间?"他轻描淡写地答道:"3 年内的全部星期天。"(那时还没有发明电子计算机!)

在 1917 年以前，人们陆续地找到了对应 $p = 61, 89, 107$ 的梅森素数。

求更大素数是一件计算量非常巨大的工作。大素数几乎都是在梅森素数中去找。

1947 年,用电子计算机计算证明 $2^{257}-1$ 不是素数。

1963 年 9 月 6 日晚上 8 点,当第 23 个梅森素数 $2^{11\,213}-1$ 通过大型计算机被找到时,美国广播公司(ABC)中断了正常的节目播放,以第一时间发布了这一重要消息。

到了 1978 年,两位年仅 18 岁的美国高中生找到了第 25 个梅森素数:$2^{21\,701}-1$。

1995 年,美国程序设计师乔治·沃特曼(George Woltman)制定"因特网梅森素数搜索计划",全世界有 20 万台计算机参加。某基金会还设立了 10 万美元奖金,但是要求在 1 000 万位以上者才能得奖。

2001 年 11 月 14 日,20 岁的加拿大青年迈克尔·卡梅伦(Michael Cameron)通过网络,利用分布式计算的方法找到了当时最大的梅森素数

$$2^{13\,466\,917}-1,$$

其位数超过 400 万位。它是已知的第 39 个梅森素数。

2008 年 8 月 23 日,找到了第 46 个梅森素数 $2^{43\,112\,609}-1$,它有 12 978 189 位。它被美国《时代周刊》评为"2008 年度 50 项最佳发明"中的第 29 项。

2008 年 9 月 6 日,找到了第 45 个梅森素数 $2^{37\,156\,667}-1$,它有 11 185 272 位。

2016 年 1 月 7 日,美国沃伦斯堡中央密苏里大学数学家柯蒂斯·库珀(Curtis Cooper)宣布:目前发现人类已知的最大素数为

$$M_{74\,207\,281}=2^{74\,207\,281}-1,$$

它有 22 338 618 位,是第 49 个梅森素数。

是不是有无限多个梅森素数？至今仍是个难解之谜！

找梅森素数是用来检验计算机和计算方法的发展水平，是测试计算机运算速度及其他功能的有力手段，它标志着一个国家的科学技术水平。梅森素数在实用领域也有用武之地。现在，人们已将大素数用于现代密码设计领域，其原理是：将一个很大的数分解成若干素数的乘积非常困难，但将几个素数相乘却相对容易得多。在这种密码设计中，需要使用较大的素数，素数越大，密码被破译的可能性就越小。

复旦大学数学科学学院　徐诚浩

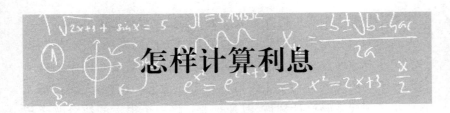

# 怎样计算利息

假如你到银行存了 100 元,年利率为 5%,那么一年到期后,连本金带利息 $100 + 100 \times 5\% = 105$ 元。如果银行每半年结算一次利息,然后把利息和原来的本金加起来作为新的本金,年利率保持不变,那么一年到期后可得多少?

这个不难,半年结算时,有 $100 + 100 \times \frac{1}{2} \times 5\% = 102.5$ 元。然后,以此为本金再存半年,最后得到本金共

$$102.5 + 102.5 \times \frac{1}{2} 5\% = 102.5 \times \left(1 + \frac{1}{2} \times 5\%\right)$$
$$= 100 \times \left(1 + \frac{1}{2} \times 5\%\right)^2$$
$$= 105.0625。$$

多了 0.062 5 元!

现在,假设我们可以每月计算一次利息并加入本金,那么一年后可得

$$100 \times \left(1 + \frac{5\%}{12}\right)^{12} \simeq 105.12。$$

初看起来,把利息加入本金计算复利,结算的时间越短,即计算

复利的次数越多,最后总的利息也越多。那么,当这个结算时间"无穷短"的时候,利息会无限增多吗?

一般地,如果开始本金是 $P_0$,年利率为 $r$,利息是每一"刹那"——每年有 $n$ 个"刹那",结算后的利息都加入到本金中,那么一年可得总数为 $P$,则

$$P = P_0\left(1+\frac{r}{n}\right)^n = P_0\left[\left(1+\frac{1}{m}\right)^m\right]^r, \ m = \frac{n}{r}。$$

由于 $\left(1+\dfrac{1}{m}\right)^m$ 随 $m$ 单调增加,且

$$\lim_{m\to\infty}\left(1+\frac{1}{m}\right)^m = \mathrm{e},$$

那么一年最多可得 $P = P_0 \mathrm{e}^r$。

按年利息 $5\%$ 为例,那么存 $P_0$ 元的钱,一年利滚利(无论怎么算)最多只能得 $1.0513 P_0$ 元,即相当于结算一次的年利率 $5.13\%$,增加 $2.6\%$。

那怎么理解我们日常生活中所谓的高利贷、利滚利,害死人的呢?

其实,这里的数学问题和概念是完全不同的。我们前面所讨论的计算复利的问题是假定固定一年利率,固定一年为期、分时间段计算复利。而高利贷借贷经常是按每周、3 天等短的时间区间计算的,如每周按一分利($1\%$)算,(看上去不很高,其实就是不计复利,但 52 周的年息也已达 $52\%$!)那么 1 年(按 52 周计算)后要还

$$P_0(1+1\%)^{52} \simeq 1.6777 P_0。$$

2 年后就要还

$$P_0(1+1\%)^{104} \simeq 2.8146 P_0。$$

3 年后就是

$$P_0(1+1\%)^{156} \simeq 4.7221P_0.$$

随着时间增加,所需归还本息会迅速增大,称为"指数增长"。高利贷的利滚利关键是在滚动的次数上,开始增加的不是很多,后来指数增长迅猛。这里我们也可以看出,非法高息揽储、非法集资等,一般开始一段时间还能对付,过稍长时间肯定无以为继,是会出大问题的。

同一个原理,我们再谈谈投资收益问题。假设开始有 $P_0$ 单位的投资,年收益为 $r\%$,则 $n$ 年后的收益总额为 $P_0(1+r\%)^n$。

传说股神巴菲特年收益能保证约 $18\%$,我们看看经历较长时间后不同年收益能达到的总额情况(见表2,$P_0=1$)。

表2 不同收益率 $n$ 年后的收益总额

| $n$ | $r=10\%$ | $r=15\%$ | $r=20\%$ | $r=30\%$ |
| --- | --- | --- | --- | --- |
| 1 | 1.10 | 1.15 | 1.20 | 1.30 |
| 2 | 1.21 | 1.32 | 1.44 | 1.69 |
| 3 | 1.33 | 1.52 | 1.73 | 2.20 |
| 4 | 1.46 | 1.75 | 2.07 | 2.86 |
| 5 | 1.61 | 2.01 | 2.49 | 3.71 |
| 10 | 2.59 | 4.05 | 6.19 | 13.79 |
| 15 | 4.18 | 8.14 | 15.41 | 51.19 |
| 20 | 6.73 | 16.37 | 38.34 | 190.05 |
| 30 | 17.45 | 66.21 | 237.37 | 2 620.00 |
| 40 | 45.26 | 267.86 | 1 469.77 | 36 118.86 |

据说巴菲特11岁就进行股票投资,现在年龄81岁。若按每年 $18\%$ 的收益算,巴菲特在70年前用100元投资的股票,现在就有 10 758 200元!当然在70年这么长的时间,平均每年能保持 $18\%$ 的收益,这绝对是一个奇迹,所以世界上只有一个巴菲特。绝大多数人

买股票投资,赚三年亏两年,而且赚的幅度小,亏的幅度大,最后总体不亏损就已经不错了。

最后,再考虑贷款时的分期还贷问题,比如买车、买房的时候出现的分期还贷。怎么还贷呢?

假如你贷款 $P_0$,期限 $n$ 年还清,年利率为 $r$。通常的还贷有两种方法。"等额本金法"和"等额本息法"。

等额本金法:就是每年还相同的本金及这一年产生的利息,即第一年为

$$\frac{P_0}{n} + P_0 \times r;$$

第二年为

$$\frac{P_0}{n} + \left(P_0 - \frac{P_0}{n}\right) \times r;$$

第 $m(m=1, 2, \cdots, n)$ 年为

$$\frac{P_0}{n} + \left(P_0 - (m-1)\frac{P_0}{n}\right) \times r。$$

简单地说,就是每年结清该年产生的利息,本金按贷款年份平均数目归还。这是比较容易计算的方法,当然开始几年需要还的钱是比较多的。

等额本息法:就是每年还的钱一样多,这个适合工薪阶层的还款方式。那利息是怎么计算的呢?

假设你每年所还的钱数为 $x$,那么第 $m$ 年的 $x$ 相当于现在的多少元呢? 或者说你现在借多少钱,按利率 $r$ 计算,在第 $m$ 年还 $x$ 就可以,按复利计算,应该是

$$\frac{x}{(1+r)^m}。$$

于是,这 $n$ 年的值加起来就是你现在的贷款额:

$$x\Big(\frac{1}{1+r}+\frac{1}{(1+r)^2}+\cdots+\frac{1}{(1+r)^n}\Big)=P_0,$$

即

$$x=P_0\,\frac{r(1+r)^n}{(1+r)^n-1}。$$

当 $r\to 0$(零利率),用洛必达(L'Hopital)法则求极限:

$$\lim_{r\to 0^+}\frac{r(1+r)^n}{(1+r)^n-1}=\frac{1}{n}。$$

即每年只要还贷本金的 $1/n$,不用利息。

以贷款 100 万、20 年分期还款,年利率为 5% 计算,则用两种方法的每年的还款数如图 1 所示。

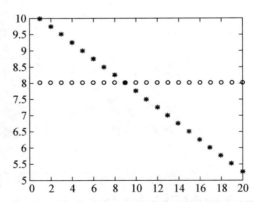

图 1 用等额本金法和等额本息法每年的还款数

假如贷款 $P_0$ 元,银行利息为 $r$,如果借贷人希望在 $n$ 年还清,开始能还少点,以后每年还款数目增加 $q$ 元,(总希望收入越来越多嘛!)那么第一年需要还款多少?

设第一年还贷 $x$ 元,则

$$\frac{x}{1+r} + \frac{x+q}{(1+r)^2} + \cdots + \frac{x+(n-1)q}{(1+r)^n} = P_0。$$

利息计算的数学原理非常简单,但银行还是可以设计更多的借贷方法,既方便借贷以提高服务质量,同时又能在放贷中获取合理的利润。比如张三个人借贷购房 100 万,银行要求任意前 $n$ 年($n=1$,$2$,$\cdots$)最低还款 $10n$ 万控制风险,直到还清本息为止,在此基础上借贷人可以灵活决定每年的还贷数目。张三可以第一年还 15 万,第二年还 8 万,第三年还 10 万,等等,每年按贷款利率计算利息。银行在风险可控的情况下,根据借贷人的实际需求,设计个性化贷款还贷方案,这才是服务到位。

您能提出一个方案吗?

浙江大学数学科学学院　程晓良

# 怎样作正十七边形

在古典几何中有3个直尺圆规作图难题是大家熟知的,那就是:用没有刻度的直尺和圆规,在有限步骤内把一个任意角三等分;作一个正立方体,使它的体积等于某个已知正立方体体积的两倍;作一个正方形,使它的面积等于已知圆的面积。其实,更有传奇色彩的是:用直尺和圆规作一个正多边形,其边数是某个大于2的整数。这4个问题的提法都非常简单、明确、易懂,令人好奇的是提出它们的历史背景是什么?为什么非要限用直尺和圆规作图呢?这是因为古希腊数学家认为,直线和圆弧是构成所有平面几何图形的基本图形,而直尺和圆规就是直线和圆弧的具体化,是最直接和最精确的实施工具。公元前5世纪,希腊雅典城出现了一个以安提丰(Antiphon,约前480—前401)为代表的诡辩团体:智人学派,他们能言善辩、逻辑性强。直尺圆规作图问题就是首先由他们提出来的。

关于前3个问题,早在19世纪40年代就有明确结论:"它们都是不可以作出来的。"本文只对第四个问题展开讨论。

早在公元前3世纪的古希腊欧几里得(Euclid,约前330—前275)时期,人们就已经知道,用直尺和圆规作正 $n$ 边形,等价于用直尺和圆规把整个圆周 $n$ 等分。当时已经知道了边数为

3,5,15 以及 $2^n$,$2^n \times 3$,$2^n \times 5$,$2^n \times 15$($n$ 为任意正整数)的正 $n$ 边形都可以用直尺和圆规经有限步作出来的。

在一个半径为 $r$ 圆周圆上任取一点 $A$,从点 $A$ 出发,以 $r$ 为半径画圆弧可把整个圆周六等分,分别得到分点 $A$,$B$,$C$,$D$,$E$,$F$,连接这些相邻分点就得到一个正六边形。显然,$\triangle ACE$ 就是一个正三边形。

在单位圆(半径为 1 的圆)$O$ 中作两条互相垂直的直径,分别取其端点 $F$ 和 $B$。作半径 $OF$ 的中点 $A$,连接 $AB$。以 $A$ 为圆心、以 $\frac{1}{2}$ 为半径作一半圆,交 $AB$ 于点 $C$;以 $B$ 为圆心、$|BC|$ 为半径作一圆弧,交大圆于 $E$ 和 $D$ 两点。只要证明 $\angle BOG = 18°$,即 $\angle BOE = 36°$,则 $|BE|$ 就是正十边形的边长,而 $|ED|$ 就是正五边形的边长(见图 1)。这就是五角星的精确作法。

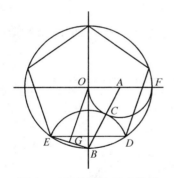 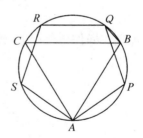

图 1　正五边形和正十边形　　图 2　正十五边形

根据正三边形和正五边形的边长,很容易作出正十五边形的边长(见图 2)。

以 $A$ 为公共顶点作出正三边形 $ABC$ 和正五边形 $APQRS$。因为

$$\overparen{BQ} = \overparen{APBQ} - \overparen{APB} = \frac{2}{5} \text{ 圆周} - \frac{1}{3} \text{ 圆周} = \frac{1}{15} \text{ 圆周},$$

所以$|BQ|$就是正十五边形的边长。

令人意想不到的是：在作出了上述正多边形以后的 2 000 多年的时间内，事情再也没有进展，致使数学家们普遍认为不再存在其他可作的正多边形了。

第一个否定这个共识的是德国的天才神童数学家卡尔·弗里德里希·高斯(C. F. Gauss，1777—1855)。1796 年，这位年仅 19 岁的大学生竟用直尺和圆规作出了正十七边形！当时，高斯兴致冲冲地跑去告诉他的导师，然而得到的竟是平淡的认可。因为这个发现实在太出乎意料，使人难以相信，从而认为他的作法一定是"犯规的"。由于这位教授曾经炫耀过自己的诗集，高斯竟无礼地回敬他是"数学家中最好的诗人，诗人中最好的数学家"。后来，当导师知道他的确是作出了正十七边形以后，就给以高度称赞和祝贺。

高斯怎么会想到作正十七边形呢？当时已经知道形如 $2^{2^n}+1$ 的数可能是素数。将 $n=0,1,2,3,4$ 代入 $2^{2^n}+1$，得到的 5 个数 3，5，17，257，65 537 的确都是素数，就是费马素数，而 17 就是第三个费马素数。

他是怎样作出正十七边形的呢？见图 3 所示。

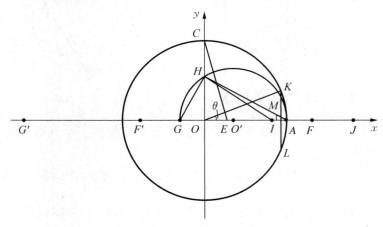

图 3　正十七边形边长的构作图

他的作法如下。

在平面上作直角坐标系$\{XOY\}$；

在 $X$ 轴上以 $|OA|=4$ 为半径作圆 $O$ 交 $Y$ 轴于点 $C$；

在 $X$ 轴上取 $|OE|=1$，并连接 $CE$；

以 $E$ 为圆心、以 $|CE|$ 为半径作圆弧，交 $X$ 轴于 $F'$ 和 $F$ 两点；

在 $X$ 轴上取 $|FG|=|FC|$（$G$ 在大圆内）；

在 $X$ 轴上取 $|F'G'|=|F'C|$（$G'$ 在大圆外）；

以 $|AG|$ 为直径作半圆 $O'$，交 $Y$ 轴于点 $H$，连接 $HG$ 和 $HA$；

以 $H$ 为圆心、以 $\frac{1}{2}|OG'|$ 为半径作圆弧交 $X$ 轴于点 $I$（$I$ 在小圆内）；

在 $X$ 轴上取 $|IJ|=|IH|$；

作 $OJ$ 的垂直平分线交大圆于点 $K$ 和 $L$，垂足为 $M$，则可证

$$\angle AOK = \frac{2\pi}{17}。$$

这就证明了 $AK$ 就是正十七边形的边长。

高斯的成功激起了尺规作图的极大热潮！人们循着高斯的足迹，致力于边数为剩下的两个费马素数 257 和 65 537 的正多边形的作图方法。

后来，德国数学家里歇洛（Richelot）作出了正 257 边形，作图过程印出来长达 80 页；荷尔墨斯（Hermes）作出了正 65 537 边形，其手稿就装满了一个手提箱，现保存在德国的哥廷根大学。这也许是尺规作图史上的一个最高纪录，恐怕再也没有人愿意去打破这个纪录了！

从此以后，人们就把精力转移到寻找哪些正多边形可用尺规作出的判别准则。利用比较高深的伽罗瓦理论，就可以得到如下的判别准则。

**判别准则**　正 $n$ 边形可作当且仅当

$$n = 2^e p_1 p_2 \cdots p_s,$$

其中 $e$ 为非负整数，$p_1$, $p_2$, $\cdots$, $p_s$ 是两两不同的费马素数。

由此可得以下结论：

边数为任意一个费马素数的正多边形必可作；

边数为若干个不同的费马素数乘积的正多边形必可作；

对于任意一个可作正多边形，当其边数增加一倍时，相应的正多边形必可作。

这个判别准则是正多边形可作的充分必要条件，它使这个问题已经完整地解决了。

复旦大学数学科学学院　徐诚浩

# 自行车的发明与黎曼几何学

> 当人想要模仿行走时,他创造了与腿并不相象的轮子。
> ——[法国]阿波利奈尔(Guillaume Apllinaire,1880—1918)

### 一、谁发明了独轮车?

自行车的发明,让乡村小伙子们能够去遥远的村庄寻找自己心仪的女孩子。我所认识的已故美国作家戈尔·维达尔(Gore Vidal)因此认定,自行车的发明使得世界人口有了少许的增长。在自行车发明之前,人类早已发明了使用轮子的手推车。大约于前1500—前900年形成的印度医学典籍《梨俱吠陀》(*Rigveda*)里,就有这样的诗句:

男人与女人相互平等
一如手推车的两个轮子

这部典籍是印度医学之源,属于世界上最古老的宗教——吠陀教的经典《吠陀》。全书用诗的语言写成,"吠陀"的本义是知识,"梨俱"是作品中诗节的名称。

直到 19 世纪 60 年代,为躲避宗教迫害,从东海岸的纽约移民到西部犹太州盐湖城的摩门教徒们,在首领杨百翰带领下,仍使用手推车完成迁移。如今,以杨百翰命名的大学作为美国最大的教会大学、历史第三悠久的私立大学,以及拥有一个频繁国际演出的歌舞团而闻名全球。

手推车通常分为独轮、两轮、三轮和四轮 4 种。虽说多轮的运货车大约在五千年前已经出现,但独轮车的发明却要迟许多。一般认为,独轮车是由古希腊人发明的,可是证据少得可怜,仅仅是两张发现于阿提卡半岛的古代建筑物资清单,这两份清单开列于前 408—前 406 年间。

清单上出现了 monokyklou、dikyklos 和 tetrakyklos 字样,后两者分别意为"双轮车"和"四轮车",而 mono 有单一之意,加上非复数后缀。因此,monokyklou 被解释为独轮车是合理的。但实际上,在整个古典希腊时期,都没有使用独轮车的其他文字、图像或实物留存下来。

除了希腊,中国也被认为是最早发明独轮车的国家。独轮车在四川和山东发掘的汉墓壁画及浮雕中已有出现,而按文字记载,独轮车的概念来自三国时期的蜀国丞相诸葛亮(181—234)。陈寿(233—297)的《三国志》(280 年)里就有记载"木牛流马,皆出其意",后人考证,木牛流马就是独轮车。到了宋代,高承所撰《事物纪原》也将独轮车的发明归功于诸葛亮。

更早一些时候,在主要取材于西汉经学家刘向(前 77—前 6)所著《孝子传》的《二十四孝》一书中,有自幼丧母的董永用"鹿车"载父的故事。"鹿车载自随。"鹿车,正是独轮车的别称。董永后来卖身葬父,成为孝子的模范,他的故乡湖北孝感因此得名,那儿还有"董永与七仙女"的爱情故事和"一日夫妻百日恩"的俗语流传。

在范晔(398—445)的《后汉书》(445 年)里,也有两则与鹿车有关的故事。其一是成语"共挽鹿车"。大夫鲍宣(前 30—3)的新娘少君出自有钱人家,嫁妆丰厚,但鲍宣拒绝接受。于是少君把华丽的服饰全部收藏起来,改穿简朴衣裳,与鲍宣一起推着鹿车,到了鲍宣家。拜见婆母后,就提着水瓮去汲水,奉行做媳妇的礼节,获得乡亲称赞。

其二发生在公元 23 年。赤眉起义爆发,杀死西汉最后一个皇帝刘玄,大臣赵憙也被赤眉军包围,只得从房上逃走。同行的有好友韩仲伯,韩因妻子长相漂亮,担心贼兵强暴她,自己也会跟着受害,于是要把她丢下。赵憙责骂他,用泥涂在韩妻脸上,把她装上鹿车,亲自推行。每遇贼兵,赵憙就说她病重,得以免受污辱并逃脱。

## 二、自行车的发明者

1866 年,清朝首次派出首个出洋考察团,19 岁的(辽宁)铁岭少年张德彝随行。回国后他在游记《航海述奇》里用了"自行车"一词,这是自行车一词在汉语里的首次出现。除了自行车,电报、螺丝等也是张德彝翻译的,他还首次引进了标点符号,介绍了蒸汽机、升降机、缝纫机、收割机、管道煤气、巧克力,等等。

1790 年的一天,一位叫西夫拉克的法国青年,行走在巴黎的一条小街上。因为头一天下过雨,路上有许多积水。忽然,一辆四轮马车从身后疾驰而来,西夫拉克躲闪不及,被溅了一身泥水。路人看见,替西夫拉克不平,想喊那辆马车停下,他却摆摆手。

马车走远了,西夫拉克仍待在路边,他寻思着:为何不让马车瘦身呢?可否不要马拉?可否把 4 个车轮变成两个车轮?并且不是早期手推车或马车那样并排的两个轮子,而是前后各一个。他这样想着,回家就动手开始设计。

此时,离开马车(还有牛车、驴车)诞生已过了 4 000 多年。大约在公元前 2000 年,黑海附近大草原的部落骑马来到底格里斯和幼发拉底之间的两河流域,开始用马来拉有轮子的车。这些马车不仅拉货运物,也载人。之后,马车就成为世界各国主要的交通和运输工具。

图 1　木制自行车

经过反复试验,第二年,即莫扎特去世、《红楼梦》诞生的同一年,第一架代步的不需借助外力的车子诞生了。它是木制的,没有驱动和转向装置,骑车人靠双脚用力蹬地前行,改变方向时必须下车移动。即使这样,当西夫拉克骑着这辆自行车(见图1)到公园兜风时,看见的人也都颇为惊异和赞叹。

1817年,德国人德莱斯给自行车装上了车把,可以控制方向,翌年在巴黎作了第一次展示。自行车实用则要到1861年,法国人米肖父子在前轮装上曲柄,不用踩地,用脚驱动就可以带动车轮前进。第二年,他们制造了140多辆,第五年产量达到了400辆。1874年,英国人劳森为自行车装上链条;1888年,爱尔兰兽医邓洛普发明了充气轮胎。

至于张德彝在游记中所描述的在伦敦街头见到的自行车,应该还没有链条和充气轮胎。"前后各一轮,一大一小,大者二尺,小者尺半,上坐一人,弦上轮转,足动首摇,其手自按机轴,而前推后曳,左右顾视,趣甚。"

其实,制造出第一辆自行车的是一位中国人,那还是在西夫拉克之前一个世纪的清朝康熙年间,发明者是扬州人黄履庄(1656—?)。据《清朝野史大观》(1915年)记载:"黄履庄所制双轮小车一辆,长三尺余,可坐一人,不须推挽,能自行。行时,以手挽轴旁曲拐,则复行如初,随住随挽日足行八十里。"

黄履庄的表兄弟为他写的小传里也提到此事,那年他还不到28岁。遗憾的是,黄履庄的自行车既没有保留下来,也没有得到推广,这是一件非常让人惋惜的事。黄履庄在工程机械制造方面有很深的造诣,除了自行车,他一生发明无数,被后人赞为"中国的爱迪生"。

黄履庄的发明远近闻名,传到了安徽宣城梅文鼎的耳朵里。梅文鼎是清代最著名的数学家,大学士李光地曾邀其住到京城家中,向他学习数学和天文。后来经李光地推荐,康熙召见了梅文鼎,在南巡的御舟中两人曾连续3天谈论数学,康熙还亲书"绩学参微"四字以资鼓励。黄履庄去世后,其墓地由江宁织造、作家曹雪芹的父亲奉旨营造。

梅文鼎听到黄履庄发明许多奇器的传说,将信将疑,亲自到扬州登门拜访。当他来到黄家,举手敲门,门边的一条狗突然朝他大叫,梅文鼎不知所措。这时候黄履庄开门出迎,只见他拍拍狗的脑袋,它就乖乖地躺下,也不再发出叫声了。

梅文鼎顿时大开眼界,原来这是主人特制的木狗,有人来敲门时会发出狗叫声,起到门铃的作用。遗憾的是,作为数学家的梅文鼎并未发现,黄履庄发明自行车的亮点在于,用两个圆圈替换两条直线(行走的双腿),也就是直线与圆概念的偷换。而在非欧几何学里,圆和直线可以是等价的。

### 三、神行太保与机器人

发明一种机械,代替人的行走,或像鸟一样飞翔,这是人类存在已久的梦想。明代小说家施耐庵的《水浒传》描写的是距今1 000多年前北宋的故事。其中有个人物叫戴宗,绰号神行太保,他是我孩提时代的艳羡之人。戴宗原在江州(今江西九江)做官,为救助宋江,他伪造了蔡京书信,被识破后上了梁山。戴宗排行第二十,职司为总探声息头领,可谓是如今信息社会的先行者。

戴宗有道术,每当他把甲马拴在腿上,能日行八百里,为梁山五绝之一。《水浒传》第39回有一首《西江月》描写他的神行法:"顷刻才离乡镇,片时又过州城。金钱甲马果通神,万里如同眼近。"那么,究竟何为甲马呢？在我小时候的想象里，甲马是一根短小的棍子，像田径比赛的接力棒，绑在腿上。用直线代替直线，这无疑是模仿，一种较为简单的想象力。

按评书的说法，戴宗跑得快是因为他有一匹古怪坐骑，集十二生肖的特征于一身。再细看《水浒传》，甲马每次用后要烧掉。同样是在该书第39回，戴宗夜宿客店，"解下甲马，取数陌金纸烧送了"。既然如此，甲马应与纸钱一样是纸制品，它是供神灵升天时骑用的。戴宗的道术在于此，他利用了神灵享有的权利。但甲马不能白用，所以每次用过之后，都要用纸钱一起烧送。

图2　机器人

有时候，写作会是一种预言。1920年，捷克作家卡雷尔·恰佩克（Karel Capek，1890—1938）出版了剧本《罗素姆万能机器人》，剧中有位名叫罗素姆的哲学家研制出一种机器人（见图2），被资本家大批制造出来充当劳动力。可是，如果世界上充满了机器人，那人类就会停止生育而面临末日。因此作者描写了一对会恋爱和生育的机器人，以此象征人类将免遭灭亡。

翌年，这出极富想象力的戏上演后轰动了欧洲。恰佩克所创造的"机器人"角色robot，已被西方主要语言接纳，这部作品也被译成各种文字。不过，robot一词是由卡雷尔的画家哥哥约瑟夫发明的，他依据捷克文Robota（劳役）和波兰文Robotnik（工人）创造出来。卡雷尔曾七次获得诺贝尔文学奖提名，后因肺病英年早逝，约瑟夫则死于纳粹的集中营。

在恰佩克的剧本出版19年以后，美国西屋电器公司便在纽约世博会上展出了第一台家用机器人。1956年和1959年,第一台可编程序机器人和第一台工业机器人被注册专利。之后,各式各样的机器人如雨后春笋般地在世界各地被发明出来。

与此同时,早在1942年,22岁的美国科幻小说家阿西莫夫就在一部短篇《转圈圈》中订立了所谓的"机器人三定律",成为业界普遍认可的研发准则。

(1) 机器人不得伤害人类,或袖手旁观坐视人类受到伤害;
(2) 除非违背第一法则,机器人必须服从人类的命令;
(3) 在不违背第一和第二法则的情况下,机器人必须保护自己。

不知清朝的扬州人黄履庄发明的那只木狗,可否算作机器人的前身呢?

## 四、黎曼的非欧几何学

自从欧几里得(Euclid,约前325—前265)建立了欧氏几何,在数学的严格性和推理性方面树立了典范,两千多年来,它始终保持着神圣而不可动摇的地位。不仅数学家们相信欧氏几何是绝对真理,哲学家们也都认定欧氏几何是明白的和必然的,康德(Immanuel Kant,1724—1804)在《纯粹理性批判》中声称,物质世界必然是欧几里得式的。

另一方面,早在1739年,即康德上大学的前一年,苏格兰哲学家休谟(David Hume,1711—1776)却在一本著作中否定宇宙中的事物有一定法则,他的不可知论表明,科学是纯粹经验性的,欧几里得几何的定理未必是物理的真理。

事实上,欧氏几何并非无懈可击,从它诞生那一刻起,就有一个问题困扰着数学家们,那就是欧几里得第五公设,也称平行公设。它

的叙述不像其他 4 条公设那样简单明了,这条被法国人达朗贝尔戏称为"几何学的家丑"的著名公设可以这样叙述:

过已知直线外一点,能且仅能作一条直线与已知直线平行。

图 3 用以证明平行公式的四边形

自古以来,许多的数学家都曾尝试证明平行公设,都没有成功。特别值得一提的是两位波斯数学家欧玛尔·海亚姆(Omar Hayyam,1048—1131)和纳西尔丁(Nasiral Dinal-Tusi),他们对平行公设做了较为深入的探讨。如图 3 所示,假设一个四边形 $ABCD$,$AB$ 和 $CD$ 等长且均垂直于 $BC$ 边,则依照对称性,$\angle A$ 和 $\angle D$ 相等。平行公设等价于,证明 $\angle A$ 和 $\angle D$ 都是直角。

纳西尔丁证明了,如果 $\angle A$ 与 $\angle D$ 是锐角,则可推出三角形的内角和小于 180°,这正是罗巴切夫斯基几何的基本命题,它等价于:

过已知直线外一点,能作不止一条直线与已知直线平行。

这是非欧几何学的一种,它是在 19 世纪前半叶,由德国数学家高斯(Johann Carl Friedrich Gauss,1777—1855)、匈牙利数学家鲍耶(Farkas Bolyai,1775—1856)和俄国数学家罗巴切夫斯基(Nikolas Ivanovich Lobachevsky,1792—1856)各自独立发明的。

1854 年,德国数学家、高斯的学生黎曼(Bernhard Riernann,

1826—1866)建立起一种更为广泛的几何学,即现在所称的黎曼几何学,罗氏几何和欧氏几何都是这种几何学的特例(分别对应于锐角假设和直角假设)。在黎曼之前,数学家们都认为钝角假设与公认的直线可以无限延长的假设矛盾,因此被取消了,黎曼却把它找了回来。

黎曼区分了"无限"和"无界"这两个概念,认为直线可以无限延长并不意味着就其长短而言是无限的,而只不过是说,它是没有端点或无界的(例如开区间)。在做了这个区分之后,黎曼证明了,钝角假设也与锐角假设一样,能无矛盾地引申出新的几何学。

在黎曼眼里,地球表面(或任意球面)上的每个大圆可以看成是一条直线。何为大圆?大圆就是圆心在球心的圆,如每一条经线,纬线则只有赤道是大圆。不难发现,这样的"直线"是无界但却长度有限,任意两条这样的"直线"相交。换句话说,没有两条直线是平行的。例如,假设赤道线是已知直线,取北极点,则每条经线均为过北极点的直线。反之亦然,这样一来,则

>  过已知直线外一点,不能作一条直线与已知直线平行。

事实上,每条经线与赤道线垂直,因此也可推得,任意两条经线与赤道线围成的三角形的内角和大于 $180°$。

用圆替换直线,这正是自行车的秘密和成功之处。最后,我想说说西班牙人毕加索(Pablo Picasso, 1881—1973)。作为立体主义绘画的鼻祖,毕加索的艺术灵感来源于四维几何学。当毕加索从一个酷爱数学的精算师朋友那里了解到存在一种四维几何学,他即刻展开了想象:绘画是把三维空间的物体表现在二维平面上,那么四维空间里的物体表现在二维平面上该是什么样呢?于是在 1907 年,诞生了《亚维农少女》这幅立体主义的开山之作。

除了画画,毕加索也做雕塑,这对他似乎是生活的一个调剂。

《公牛头》是一件现成品,现藏于马德里索菲亚王后博物馆。它的材料是自行车的部件,把手是牛角,坐垫是牛脸。这两个部件原本不在一起,艺术家通过想象力,去掉了中间的三角档,一件艺术品就这么诞生了。又一次,我们回到本文开头提到的自行车!

浙江大学数学科学学院　蔡天新

**图书在版编目(CIP)数据**

数学之外与数学之内.Ⅱ/田刚,吴宗敏主编.—上海:复旦大学出版社,2017.9(2022.6重印)
中国科协-教育部"英才计划"项目
ISBN 978-7-309-13229-8

Ⅰ.数… Ⅱ.①田…②吴… Ⅲ.中学数学课-教学研究 Ⅳ.G633.602

中国版本图书馆 CIP 数据核字(2017)第 214650 号

**数学之外与数学之内.Ⅱ**
田 刚 吴宗敏 主编
责任编辑/范仁梅

复旦大学出版社有限公司出版发行
上海市国权路 579 号 邮编:200433
网址:fupnet@fudanpress.com http://www.fudanpress.com
门市零售:86-21-65102580 团体订购:86-21-65104505
出版部电话:86-21-65642845
江苏省句容市排印厂

开本 890×1240 1/32 印张 6.25 字数 154 千
2022 年 6 月第 1 版第 2 次印刷

ISBN 978-7-309-13229-8/G·1761
定价:20.00 元

如有印装质量问题,请向复旦大学出版社有限公司出版部调换。
版权所有 侵权必究